らくらく天井(てんじょう)飾りスペシャルBOOK

教室空間を彩るコーディネート12カ月

堀田直子【編著】

いかだ社

はじめに

　教室飾りの定番といえば、壁面。しかし、意外に穴場スペースなのが天井です。「高い所だしめんどくさそう」と思われがちですが、壁が広すぎて壁面づくりが大変だったり、逆に、壁が少なくて飾りにくい、なんてときに、おすすめスペースかもしれません。

　何より、フワフワ、ユラユラ揺れる動きというのは、見ていて楽しい、和やかな雰囲気になれるのが不思議です。

　私自身、天井飾りを頻繁につくったのは、書店での児童書担当時代ですが（壁が少なかった為）ちょっとした飾りの1つをつけるかつけないかで、場の雰囲気、果ては、棚の本へのお客様の注目度がまったく違ってくることを、身をもって体験したわけです。また、室内にいながら、目で、季節を感じてもらう手段だということも。

　ディスプレーという言葉は、何となくショーウインドーや、お店の陳列方法を思い浮かべてしまいますが、教室の壁面はもとより、自分の部屋の飾りにいたるまで、すべて、ディスプレーという単語に入ると感じます。

　今回の作品は、私が児童書担当時代につくっていたものを含め、なるべく身近にある素材で、簡単にできるものを集めてみました。幼稚園、保育園などの教室はもちろんのこと、子ども部屋や、児童書売り場の棚など幅広く、自分流の楽しいディスプレーに、この本を少しでも役立てて頂けると幸いです。

堀田直子

目次

作品がきれいに仕上がる 基本テクニック 4

季節の行事飾り

春

4月
- 入園・入学(1) 気球にのっておめでとう 18
- 入園・入学(2) みんな友だち 20

5月
- 元気に泳げ！ こいのぼり 22
- 母の日のカーネーションモビール 24

夏

6月
- バイキンくんをやっつけろ 26
- 雨降りだって楽しいよ！ 28

7月
- 夜空のデート 30
- 宇宙ロケット 32

8月
- おばけだって友だちさ 34
- 海の中の仲間たち 36

秋

9月
- お月さまとウサギのダンス 38
- 機関車しゅっぽー 50

10月
- 運動会 かけっこバージョン 52
- 運動会 綱引きバージョン 53
- 赤トンボ 54

11月
- ハロウィン かぼちゃと魔女 56
- 楽しい遠足 58

冬

12月
- きらきらクリスマスツリー 60
- サンタが家にやって来た 62

1月
- 天まであがれ カラフル連凧 64
- 紙皿・紙コップでつくる十二支 66

2月
- 鬼は～外！ 70
- 楽しいそり遊び 72

春

3月
- なかよしびな 74
- もうすぐ春ですヨ！ 76

花飾り 花をつくる
サクラ 78　　チューリップ 79

動物飾り 動物をつくる
ライオン 40　　キリン 49

作品づくりに役立つ らくらくコピー用型紙 80
目と口のバリエーション 17

作品がきれいに仕上がる
基本テクニック

ポイントやコツをつかんでおけば、作品をより早く・きれいにつくることができます。すべての作品づくりに共通する、覚えておきたい基本のワザです。

基本テク1　紙の特性を知ろう

「紙目」を知る

　ほとんどの紙には、一定の方向に紙の繊維が並んでおり、それを「紙目」といいます。薄い紙の場合は、裂いたときにまっすぐ切れる方向、厚い紙の場合は、曲げやすい方向が「紙目」になります。

　紙を使うときは、紙目にそって切ったり折ったりすると、きれいに仕上げることができます。

紙を上手に曲げる

【画用紙】

●**定規で**……定規を紙に立てて当て、紙を引き上げながら全体をしごきます。

●**ラップ芯で**……紙を引き上げながら、ラップ芯で全体をしごきます。

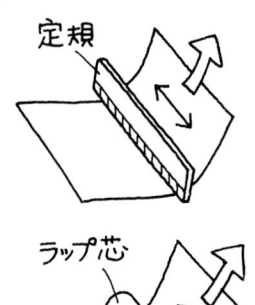

【厚紙】

●**机の角で**……紙を机の角に当てて、何度か強くしごくときれいなカーブがつきます。

【段ボール】
●段ボールの表面にカッターで等間隔に浅い切りこみを入れます。
　切りこみを外側にして丸めると細い円柱がつくれ、内側にして丸めると太い円柱がつくれます。

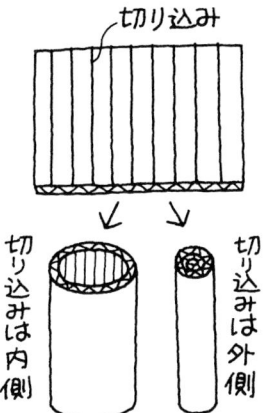

【円すいをつくる】
●定規やラップ芯を紙の真ん中に置いて、頂点で固定したまま、円周にそって紙を引き上げ、右半分に丸みをつけます。左半分も手を持ちかえて同じようにします。

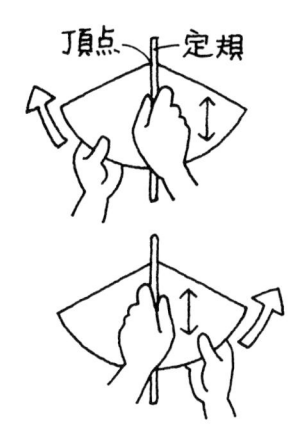

基本テク2　きれいに貼るコツ

テープで貼る

【セロハンテープ】
●紙が動くとしわになりやすいので、起点で紙とテープをしっかり指で固定し、テープを引っぱりながら、一気に貼りましょう。

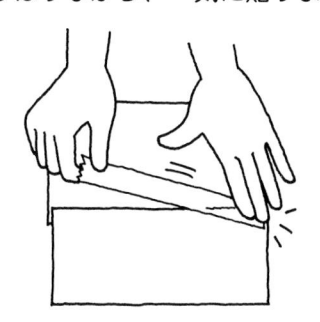

【ビニールテープ】
●テープがねじれたりしないように、ピンと張って少しずつ指でこするようにしながら貼りましょう。

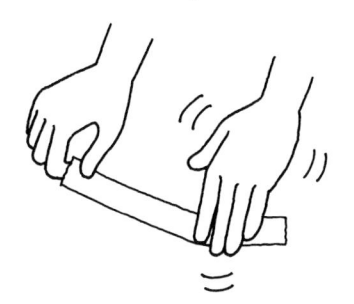

【両面テープ】
●最初に貼りつけるものに両面テープを貼っておき、もう片方の面をはがして押さえるように貼るのがポイント。大きな面の場合は、長く何本か貼り、部分的に貼る場合には、小さく切って、何箇所かに貼っておきましょう。

基本テクニック

接着剤で貼る

【木工用ボンド】
●おもに木・紙・布などの接着に使います。貼り合わせるものの片面に均一にのばすことがきれいに貼るコツです。

　乾くとごわごわになるため、薄い素材のときには、量の調節がポイント。少量をていねいに引きのばして、乾くまで押さえておくと、きれいに貼れます。

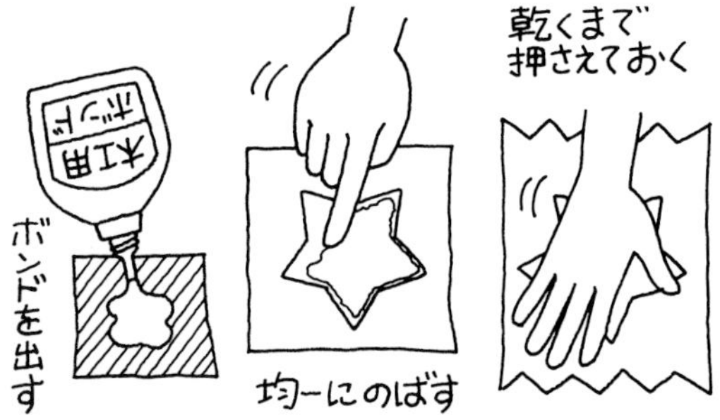

【合成ゴム系接着剤】
●ゴム・皮・布・木などに接着でき、耐水性にも優れています。塗ったら、そのまま少しおき、べとつかない程度に乾かしてから貼るとしっかり接着できますが、乾かしすぎると接着力が弱まってしまうので注意が必要です。

※本書の作品中、ただ「貼る」と表記してあるものは、すべて木工用ボンドを使っています。乾くと透明になるので、作品づくりには欠かせない接着剤です。

基本テク3　カッター・ハサミを使いこなそう

カッターの使い方の基本

【薄いものを切るときは】
●鉛筆を持つように、刃に近いところを持って切ります。刃を立てて薄いものを切ると、途中で刃が詰まり、切り口がぎざぎざになることがあります。刃の角度は30°くらいが適当です。

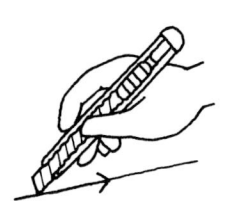

【厚いものを切るときは】
●人さし指で上から本体を押さえるように切ります。角度が小さいと力が入りづらいので、厚いものを切る場合は、少し刃を立てて切ります。

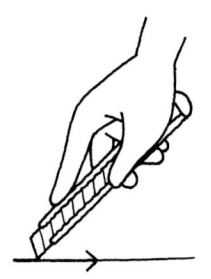

【丸く切るときは】
- カッターは動かさず、紙のほうを回しながら切ります。

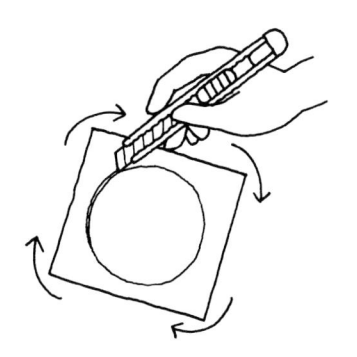

【横の線を切るときは】
- 横や斜めは切りづらいものです。紙を回して、常に体の正面に向け手前に引くようにするとうまく切れます。

手前に引いて切る

ハサミの使い方の基本

【直線は垂直に】
- ハサミを紙に対して垂直に持ち、刃先を閉じないように切り進めます。刃の根元と真ん中あたりで切るようにします。

刃の根元とまん中あたりで切る

【長い紙を切るときは】
- 机など台の上に置いたまま、刃を閉じ気味にして滑らすようにするときれいに切れます。

【曲線を切るときは】
- ハサミを回すのではなく、紙を回しながら切ります。

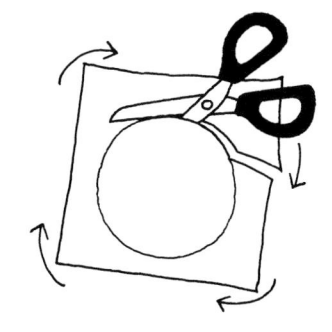

【ポリ袋を切るときは】
- セロファンやアルミ箔も同様ですが、薄い紙を添えて固定してから切るとうまく切れます。

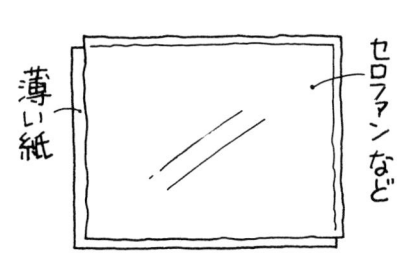

薄い紙　セロファンなど

【早くて簡単まとめ切り】
- 同じパーツを何枚もつくるときには、まとめ切りが便利。薄い紙なら4〜5枚、厚い紙なら2枚がきれいに切れる限度です。

（1）紙を重ね、数箇所ホチキスでとめてから、型紙をあてて鉛筆でなぞります。

（2）ホチキスでとめていない箇所から切り始めます。とめたところから切ると紙がバラバラになってしまうので気をつけましょう。

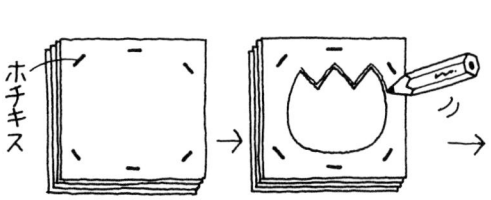

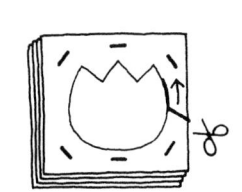

ホチキス

基本テク4 吊り下げ方

★ネジ式フックを天井にしっかり固定します。
★部屋の両隅やコーナーにひもを渡し、ひもから下げます。

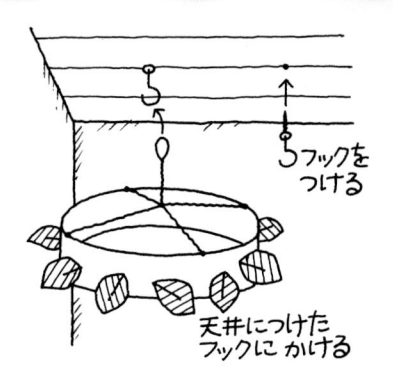

筒状・立体なもののひものつけ方

●左右がふさがっていない時点でひもを通します。
●バランスのとれる中心に穴をあけて、ひもを通し、先端に厚紙などをつけ、ひもが穴から抜けないようにします。前もって穴をあける部分の裏側にセロハンテープを貼って補強しておくと、それ以上に穴が広がりません。
★毛糸や綿ロープなど、太めのひもを使うときは、玉結びでOK。

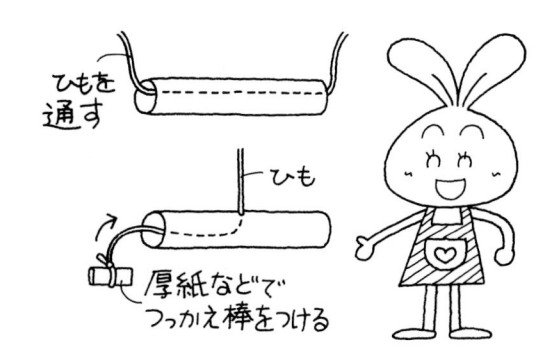

平面なもののひものつけ方

●バランスのとれる中心に穴をあけてひもを通し壁や天井に下げます。この場合も、穴をあける部分の裏側にセロハンテープを貼っておきましょう。

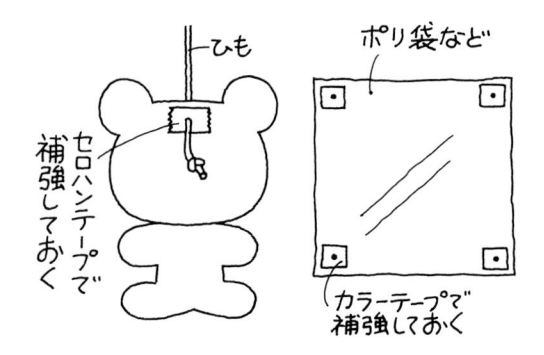

【用意しておきたい道具】

ハサミ　カッター　セロハンテープ
両面テープ　木工用ボンド　のり
ガムテープ　ホチキス　キリ
水性・油性マーカー　絵の具
ポスターカラー　クレヨン　鉛筆
定規　たこ糸

基本テクニック

バイキンくんをやっつけろ…**26**ページ

海の中の仲間たち…**36**ページ

紙皿・紙コップでつくる干支
…申（さる）…**66**ページ

みんな友だち…**20**ページ

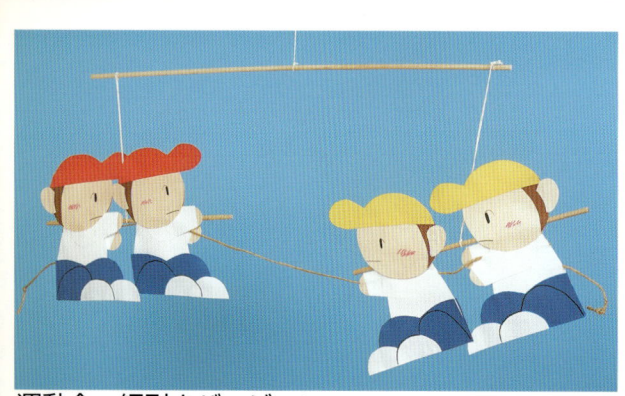

運動会・綱引きバージョン…**53**ページ

運動会・かけっこバージョン…**52**ページ

紙皿・紙コップでつくる干支
…辰（たつ）…**68**ページ

紙皿・紙コップでつくる干支
…卯（うさぎ）…**67**ページ

夜空のデート…**30**ページ

お月さまとウサギのダンス…**38ページ**

雨降りだって楽しいよ！…**28ページ**

紙皿・紙コップでつくる干支…酉（とり）…69ページ

動物をつくる…ライオン…40ページ

ハロウィン　かぼちゃと魔女…56ページ

赤トンボ…**54**ページ

紙皿・紙コップでつくる干支
…左・未（ひつじ）…**68**ページ
…右・丑（うし）…**67**ページ

おばけだって友だちさ
…**34**ページ

紙皿・紙コップでつくる干支
…戌（いぬ）…**69**ページ

サンタが家にやって来た…**62**ページ

目と口のバリエーション

目元や口元の表情で顔のイメージがグーンと変わります。
いろいろな表情で楽しい作品に仕上げてください。

目

ノーマル	ノーマル	ノーマル(カエル目、トンボ目など)	う〜ん
ノーマル(男の子)	ノーマル(女の子)	ひゃっ	
		むー	
ひゃー	しょんぼり	ぎろり	
にっこり(女の子)	にっこり(男の子)	すやすや(男の子)	
		すやすや(女の子)	

口

わはは	にっこり	うふふ	えへっ
むーっ	う〜〜ん、しょんぼり	きーっ!	ほーっ
動物(小動物系)	動物(大型系)	カバ	

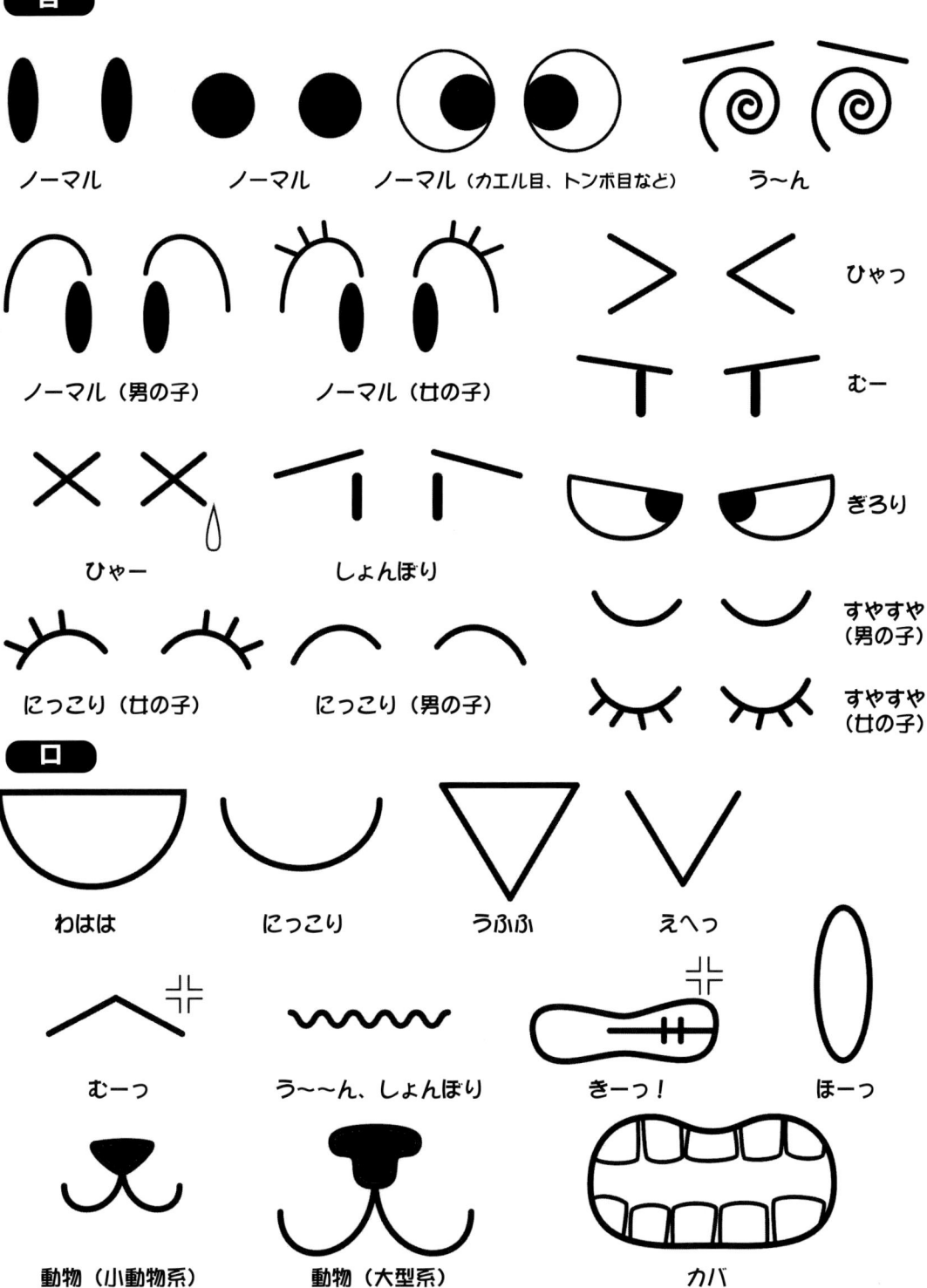

入園・入学(1)

気球にのっておめでとう

春 4月

夢と希望をのせた気球が新しいお友だちを迎え入れます。カラフルな気球で楽しさを演出しましょう。

準備するもの
ティッシュの空き箱　モール　厚紙
カラーポリ袋　クレープ紙　麻ひも
トイレットペーパー芯　ゴムふうせん
カラーテープ　色画用紙

季節の行事飾り

1 気球をつくる

1. ティッシュの空き箱を図のように半分に切り、籐のかごに見えるように、黒マーカーで点線を入れた色画用紙（茶）を箱を包むように木工用ボンドで貼る。

2. カラーポリ袋（40cm×40cm）の四隅にたこ糸を通す（たこ糸の長さは同じにしておく）。補強のため、穴をあける所にカラーテープを貼っておく。

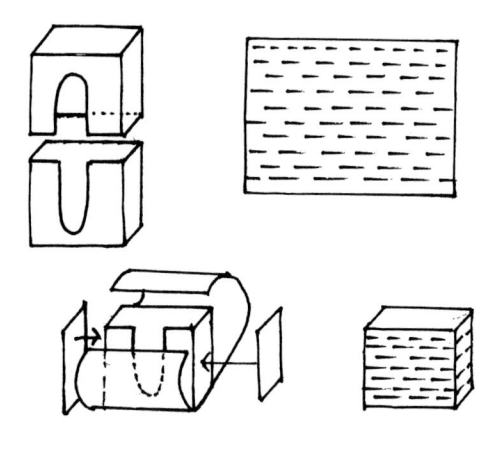

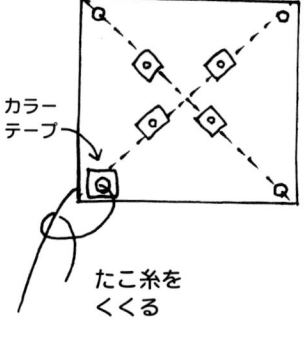

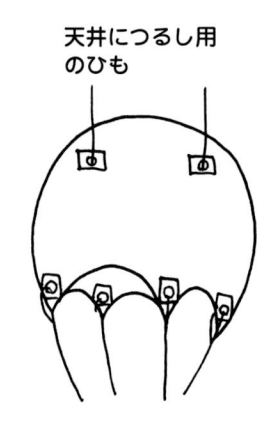

天井吊るし用の穴は、中心から対角線上、約15cmくらいの所に4つ穴をあける

3. 箱の四隅にキリで穴をあけ、たこ糸をくくる。

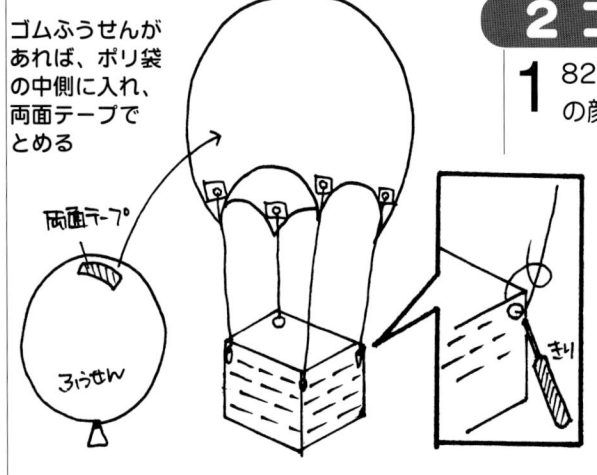

ゴムふうせんがあれば、ポリ袋の中側に入れ、両面テープでとめる

2 コドモをつくる

1. 82ページのコピー型紙を使い、コドモの顔を作り、厚紙の上に貼る。

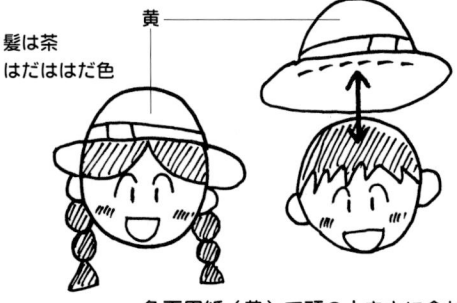

髪は茶
はだははだ色
黄

色画用紙（黄）で頭の大きさに合わせて帽子をつくり、点線の部分に切りこみを入れ、頭に差しこむ

3 ほかのパーツをつくる

1 花・葉・メッセージボードをつくり、麻ひもに貼る。

15cm / 15cm

ひろげる　←モール　桜 表裏2枚　表裏2枚

2 1をコドモに持たせる。

ひもは、はさむように手の内側に両面テープでとめる

2 トイレットペーパー芯に、色画用紙を巻いて体をつくり、厚紙でつくった手を貼る。

3 顔と体を接着し、花と一緒に気球のかごにのせて、ガムテープで固定する。

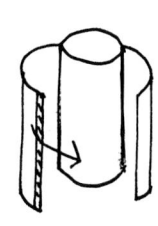

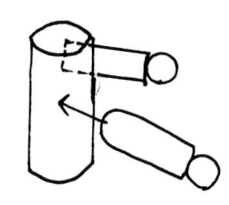

春 4月

入園・入学(2)
みんな友だち

友だちいっぱいできるかな？
ティッシュの空き箱を並べて、
部屋全体に飾っても華やぎますね。

準備するもの
ティッシュの空き箱　厚紙
クレープ紙　モール　竹ひご
カラーテープ　色画用紙
毛糸

季節の行事飾り

1 タンポポをつくる

1. 黄色の毛糸を10cm幅の厚紙に7回巻き、真ん中をくくる。 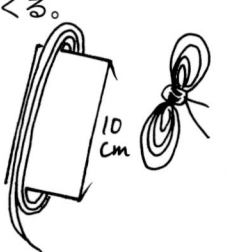
2. 2つに折り、根元をくくる。 
3. 上部の輪になっている部分をハサミで切る。
4. 根元に竹ひごをさし、カラーテープ（緑）で巻いてとめる。葉をつくり、竹ひごに貼る。

2 チョウをつくる

1. クレープ紙を楕円形に2枚切り、少し上下をずらして重ね合わせる。

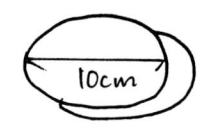

4 葉・草をつくる

1. 色画用紙（緑、黄緑）を葉の形に2枚1組ずつ（裏表分）切り、竹ひごをはさむように貼り合わせる。

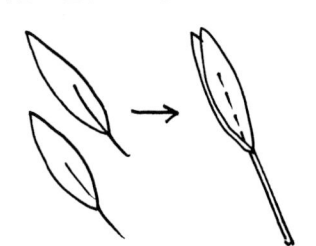

5 本体をつくる

1. ティッシュの空き箱（取り出し口を底にする）に色画用紙（茶）を底をのぞく全面に貼り、前面に色画用紙で草を貼る。

後部は、厚紙に水色の色画用紙を貼り、雲や太陽を貼ったり描いてもよい。

2 真ん中をしぼるようにモールで巻き、広げて羽根の形にする。

3 モールの先を丸め、触覚をつくる。

4 竹ひごを胴の部分にさし、固定させる。

木工用ボンドをつけてさす

3 ツクシをつくる

1 色画用紙（薄茶）で顔を、裏表2枚つくる。

2 色画用紙（茶）でふしを4枚つくる。

3 竹ひごをはさむように、顔とふしの裏表2枚を貼り合わせる。

2 81〜83ページのコピー型紙を使い、動物をつくり、竹ひごを裏に貼りつける。

体型に合わせてひとまわり大きく切り、服をつくる

3 本体にバランスよくキリで穴をあけ、各パーツをさす。

元気に泳げ！ こいのぼり

春 5月

季節の行事飾り

見上げれば部屋の中に
こいのぼりが泳いでいる！
なんてわくわくしますね。

準備するもの
色画用紙　竹ひご
綿ロープ

こいのぼりをつくる

1 青色の画用紙（45cm×45cm）を丸めて円柱形をつくる（体1）。

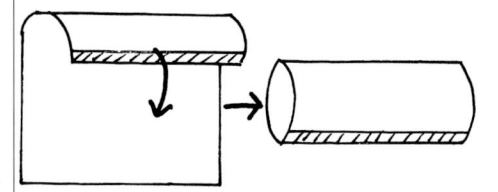

2 しっぽの部分を三角に切り取る。

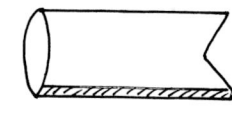

3 水色の画用紙（30cm×30cm）を丸めて、体1より直径がやや大きめの円柱形をつくる（体2）。

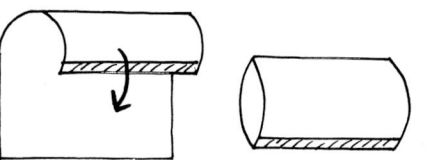

4 カッターで模様をひし形に抜き取る。

円柱を平たくつぶしてからひし形を描き、カッターで両面一緒にくり抜く

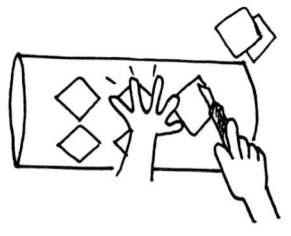

ひし形の型をつくって下描きしておくと、きれいに切れる

元の円柱に戻す

5 体2に体1を差しこむ。

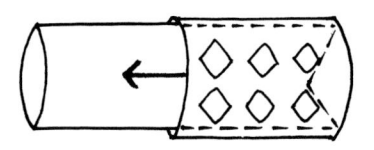

6 目とひれを木工用ボンドで貼りつける。

7 寸法と色を変え、ひごい・コドモごいをつくる。

キリで穴をあけ、たこ糸を通し玉結びをしてとめながら、つなげていく

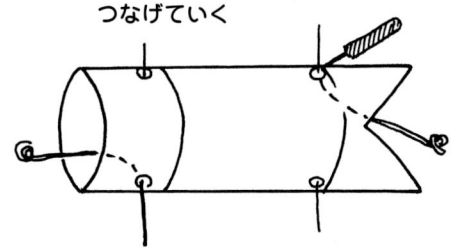

22

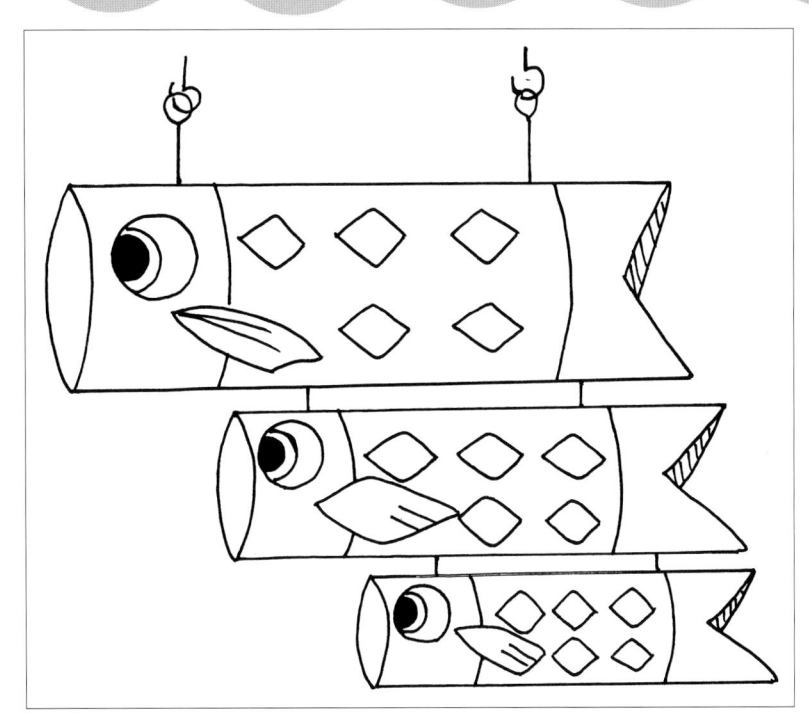

飾り方のバリエーション

1 壁に綿ロープを張り、こいのぼりを通す。

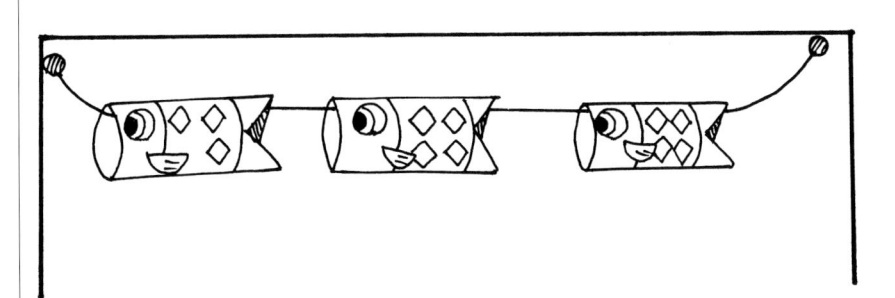

2 こいのぼりの口の部分に竹ひごを通し、上下に紙を巻きつけて固定し、色画用紙を貼った空き箱にさす。

春 5月

母の日のカーネーションモビール

子どもたちが描いたお母さんの似顔絵がポイントです。
飾った後は持ち帰れるのがウレシイ。

準備するもの

色画用紙　モール　お花紙　紙皿
ピンキングバサミ　穴あけパンチ

季節の行事飾り

1 土台をつくる

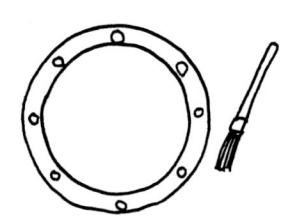

1. 紙皿を好きな色に塗る。
パンチで8箇所に穴をあける

2. お母さんの似顔絵を子どもに描いてもらう。

3. 2の絵を紙皿に貼る。

2 花をつくる

1. お花紙を3枚重ねて、上下をピンキングバサミで切る。

2. 絵のように半分にしてからびょうぶ折りにし、根元をモール（緑）でくくる。

モールでくくる

3. ていねいに広げる。

4. 根元のモールのところに緑のモールを巻きつけ、茎にする。

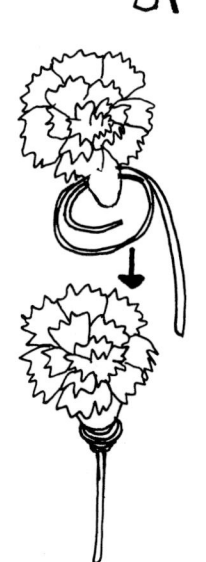

24

5 紙皿の穴に、4の花を差しこんでとめる。

穴にモールを通し、何回か巻く

モールが短くなったら、ねじってとめる

作品をつなげるときは、紙皿の上部に穴をあけ、モールでつなげていく

葉にモールをつけて、花にくくりつける

葉はまとめ切りしておくと便利

夏 6月 バイキンくんをやっつけろ

歯みがきシュッシュッ。
歯みがきの大切さを楽しく教える
ユニークなモビールです。

準備するもの
色画用紙　丸棒　毛糸
モール　竹ひご

季節の行事飾り

1 ネズミをつくる

1. 色画用紙（グレー）で円すいを2つつくる（高さ約15cmと約20cm）。

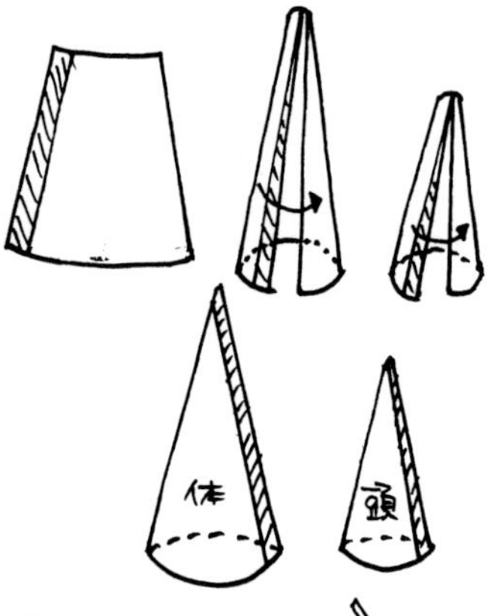

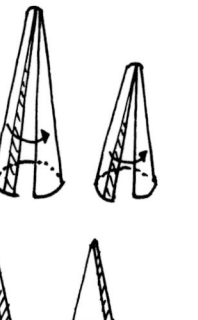

2. 顔の円すいの下に穴をあけ、体の円すいの先を通す。

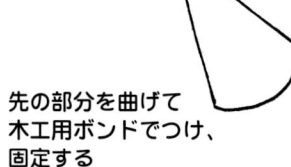

   先の部分を曲げて木工用ボンドでつけ、固定する

3. ネズミの耳は小さい円に切りこみを入れ、低い円すいをつくる。

   顔に合わせてサイズを決める

4. 3でつくった耳と色画用紙（グレー）でつくった手足・しっぽをつける。

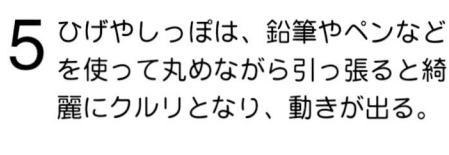

5. ひげやしっぽは、鉛筆やペンなどを使って丸めながら引っ張ると綺麗にクルリとなり、動きが出る。

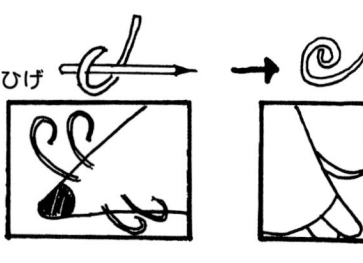

   ひげ　　しっぽ

2 バイキンをつくる

1. 色画用紙（黒）で大きめの円すいをつくる（高さ約20cm）。

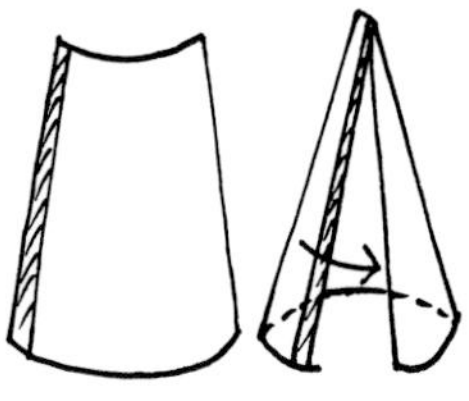

2. 色画用紙の顔（約15cm）、手足をつける。

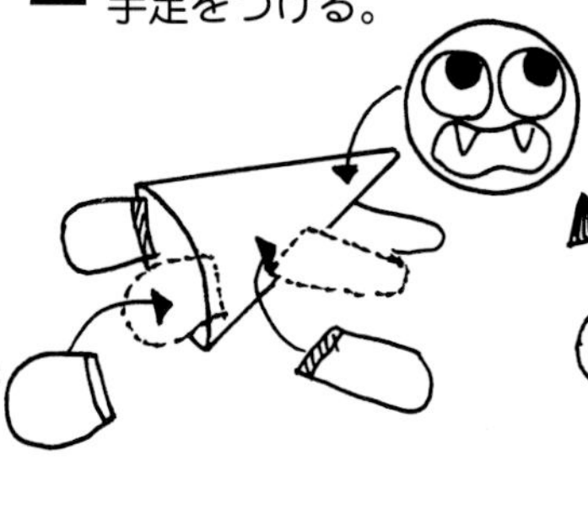

3. モールにつけたつの、しっぽをテープで貼りつける。

   モール

   モールに画用紙（黒）を貼り、つの、しっぽをつくり、セロハンテープで体と顔に貼る

3 カバ、歯ぶらし、ヤリをつくる

1. 84ページのコピー型紙を使いカバをつくる（横幅約50cm）。

2. 色画用紙（黄）で細長い筒を作り、先端に絵のように画用紙につけた毛糸を筒をはさむように貼る。

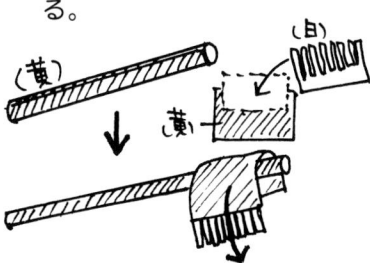

3. 竹ひごの先に色画用紙のヤリをつける。

飾り方

各パーツにたこ糸をつけ、丸棒につるす。

背中の首に近い部分にキリで穴をあけ、たこ糸を通し玉結びにしてとめる

壁に長めのくぎを打ち、丸棒をバランスをとってのせる

くぎからずり落ちないように、丸棒の両サイドにカラーテープを巻いておく

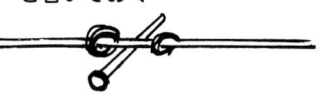

夏 6月 雨降りだって楽しいよ！

透明のビニールがさをそのまま利用した天井飾り。雨の日も楽しく過ごせそうですね。

準備するもの
透明のビニールがさ　色画用紙
ティッシュ　布　カラーテープ
テグス　モール

季節の行事飾り

1 カエルをつくる

1. 84ページのコピー型紙を使い、色画用紙でカエルをつくり、顔を描く。
   - 顔　約18cm（黄緑）　白　目を貼る
   - 体（黄緑）　B4の色画用紙を丸めて円柱の体をつくる

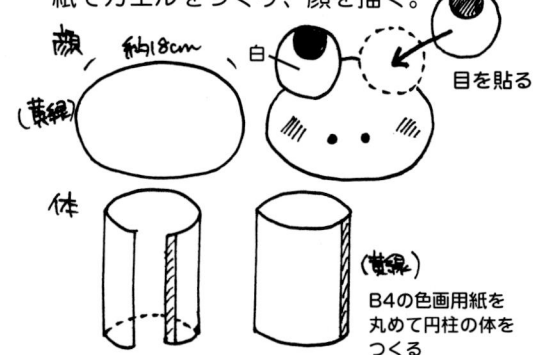

2. 色画用紙でつくった手と足を木工用ボンドで体に貼る。
   - かさを持つので手は長めに

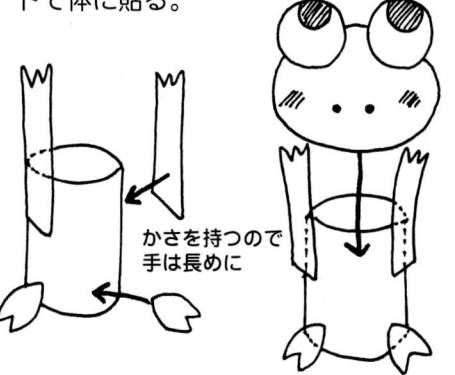

2 水玉ぼうや、てるてる坊主をつくる

1. 色画用紙を水玉の形に切り、目、口を描く。
   - 約15cm

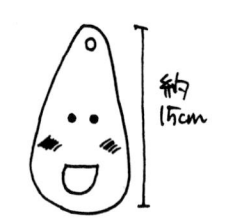

2. ティッシュペーパーを布（20cm四方）で包み、てるてる坊主をつくる。首の部分はモールでくくり、目をつける。

ビニール袋のてるてる坊主　雨の日もへいき。

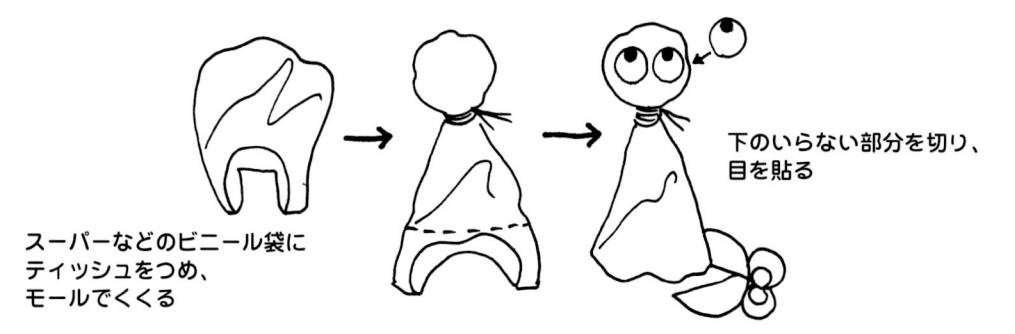

- スーパーなどのビニール袋にティッシュをつめ、モールでくくる
- 下のいらない部分を切り、目を貼る

かさを飾る

1 テグスをつけた、水玉ぼうやとてるてる坊主をかさに交互に吊り下げる。

かさの先にテグスをくくりつけ、接着剤で固定する

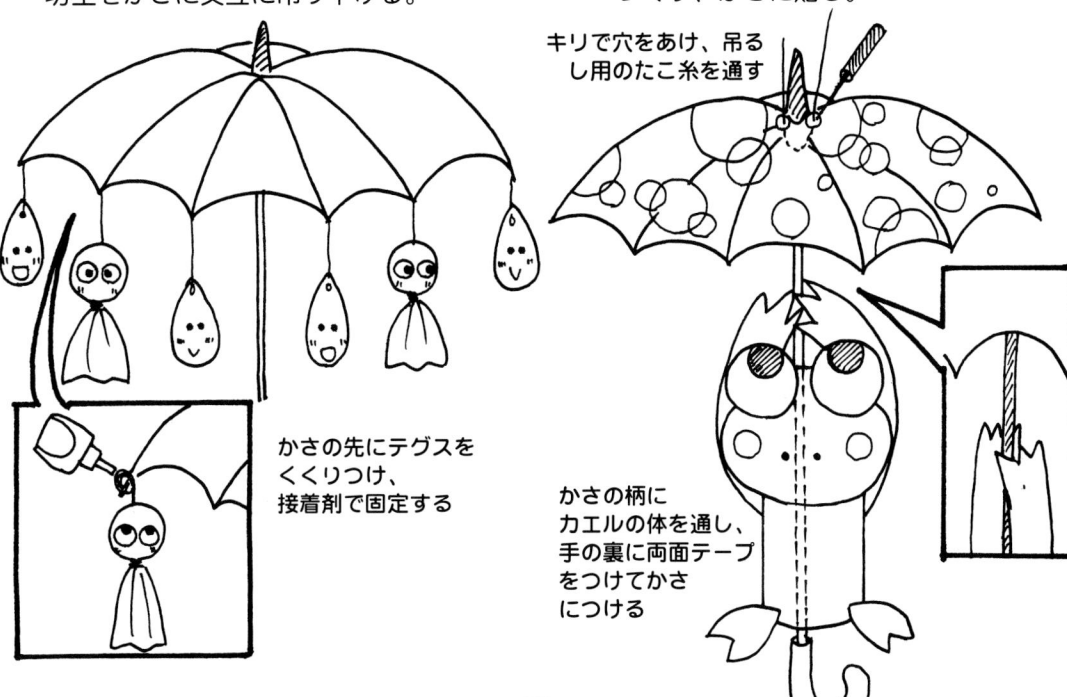

2 カラーテープや色画用紙で大小の水玉をつくり、かさに貼る。

キリで穴をあけ、吊るし用のたこ糸を通す

かさの柄にカエルの体を通し、手の裏に両面テープをつけてかさにつける

夏 7月

夜空のデート

織姫と彦星が空の上で会えますように。地上の天の川に星たちを輝かせて応援しましょう。

準備するもの
濃紺の布　色画用紙
ホイル折り紙　針金ハンガー
カラーテープ　テグス

季節の行事飾り

1 夜空をつくる

1. 濃紺の布（約150cm×150cm）を1枚用意する。 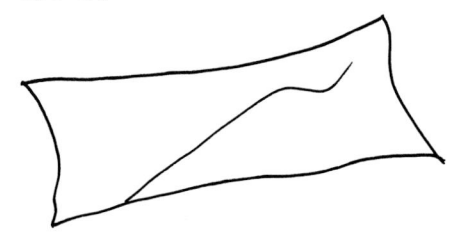
2. ホイル折り紙、色画用紙（黄、白）で、星型、丸型の星をつくり、布の両面にバランスよく両面テープで貼る。

2 星、月をつくる

（両面に顔を描く）

1. 色画用紙（黄）を月型に切り（長さ約19cm）目、口を描く。 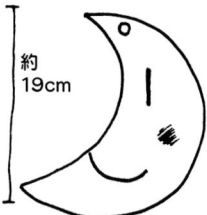
   約19cm
   上部に吊り下げるための穴をあけ、テグスをつけておく
2. 85ページのコピー型紙を使い、色画用紙（黄）を星型に切り、目、口を描く。 
   上部に吊り下げるための穴をあけ、テグスをつけておく

3 織姫、彦星をつくる

1. 81〜83ページのコピー型紙を使い色画用紙で、織姫、彦星をつくる。
2. 体の型紙より少し大きめに切った色画用紙で服をつくる。

人形は表裏つくる

上部に吊り下げるための穴をあけ、テグスをつけておく

裏　表

4 各パーツを吊り下げる

1 青のカラーテープで各パーツを布に貼りつけ、ハンガーを2つ用意し、布をかける。

飾り方バリエーション

部屋の壁に布を流れるようにとめる。

夏 7月

宇宙ロケット

いつか宇宙にいけるといいね。
子どもたちのつくったロケットや
惑星も吊り下げましょう。

準備するもの
ペットボトル　厚紙
ホイル折り紙　段ボール
竹ひご　プラカップ
色画用紙

季節の行事飾り

1 ロケットをつくる

1. ペットボトル（大）を用意する。

2. ペットボトルの先端に、色画用紙（青）でつくった円すいを木工用ボンドでつける。尾翼とオレンジの帯も貼る。

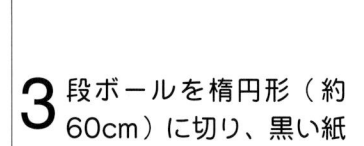

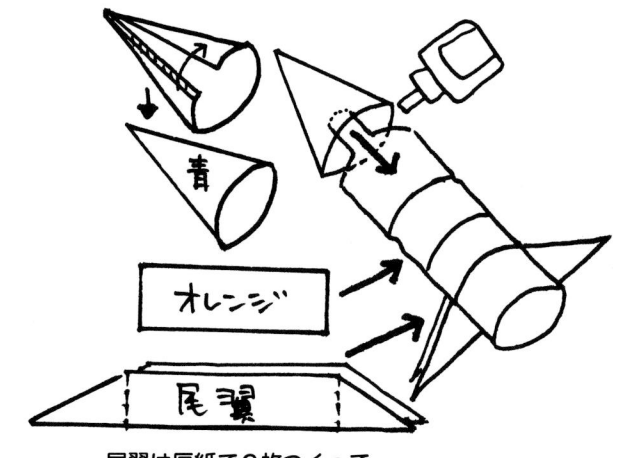

尾翼は厚紙で2枚つくって色を塗り、貼り合わせる。

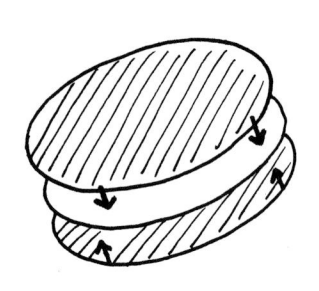

3. 段ボールを楕円形（約60cm）に切り、黒い紙を両面に貼る。

2 地球をつくる

1. プラカップを1個用意し、半分に割ってロケットから貫通しているたこ糸を通し、玉結びでとめる。

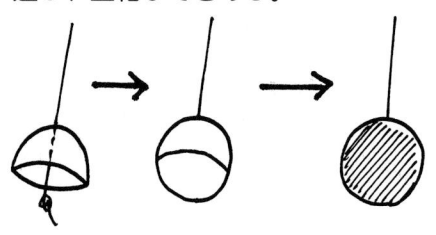

ホイル折り紙（水色）を包むように貼り、地図の模様を貼る

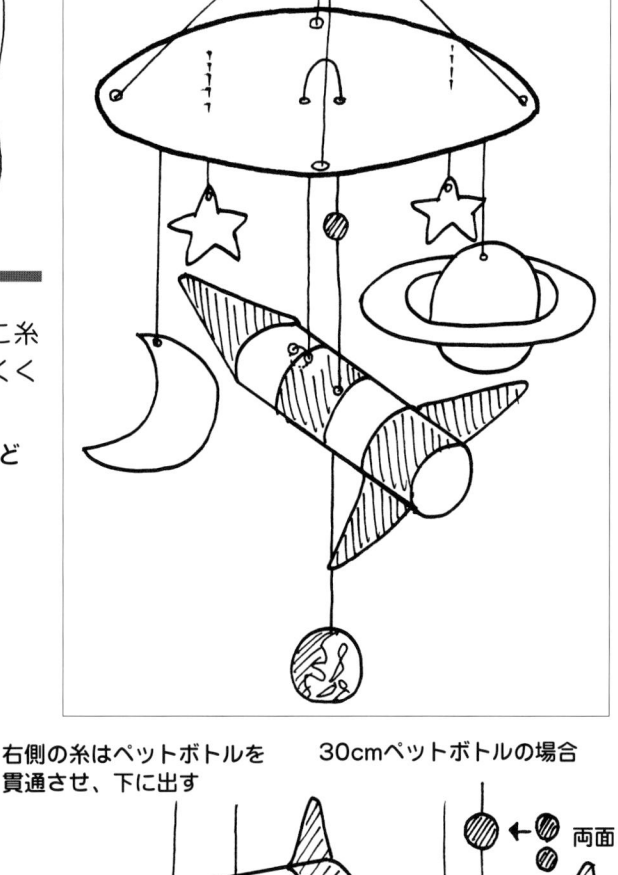

4 段ボールの中心に穴を２つあけてたこ糸を通し、左側の糸はペットボトルにくくりつけ、固定する。

ペットボトルに糸を貫通させる際、竹ひごなど長いものに、ひもをつけて通すとよい

たこ糸を通した後はくくって固定する

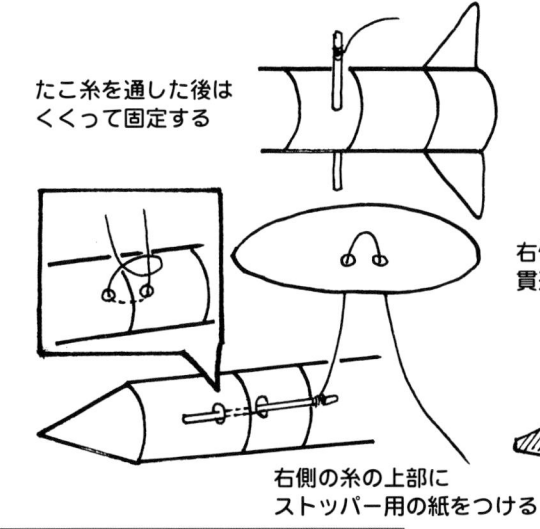

右側の糸はペットボトルを貫通させ、下に出す

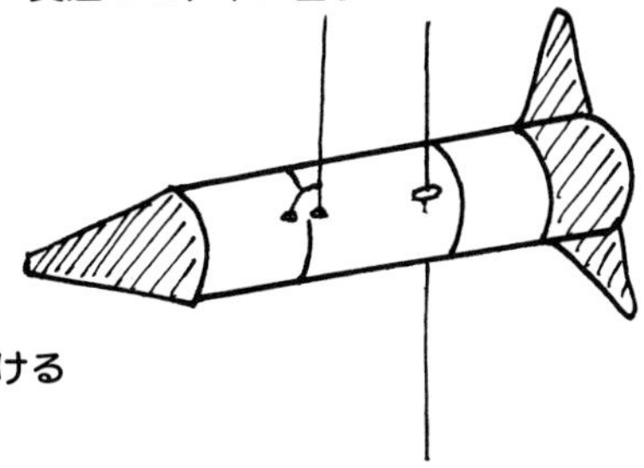

30cmペットボトルの場合

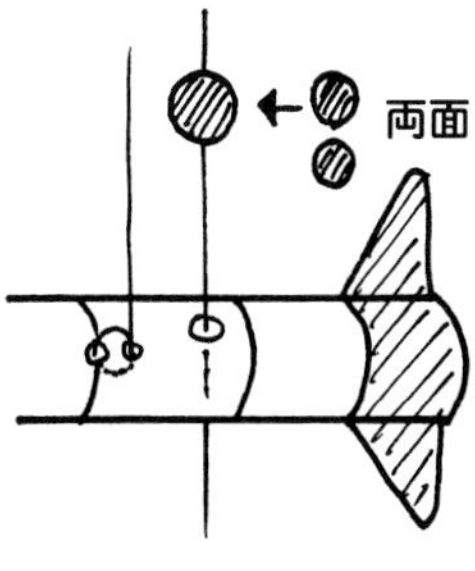

両面

右側の糸の上部にストッパー用の紙をつける

【プラカップがない場合】

厚紙で円をつくり、青セロファンを貼る

厚紙

青セロファン

8cm

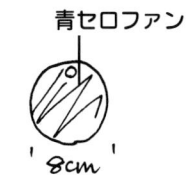

3 各パーツをつくる

1 月、星、土星を厚紙でつくり、ホイル折り紙（オレンジ、金、緑）を貼り、段ボールに穴をあけて吊り下げる。

土星のつくり方

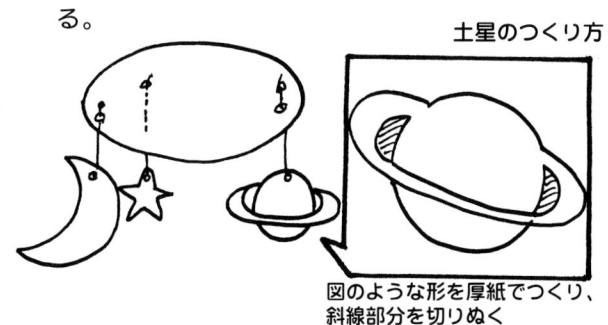

図のような形を厚紙でつくり、斜線部分を切りぬく

おばけだって友だちさ

夏 8月

季節の行事飾り

こんなカワイイおばけなら怖くない!!
みんなでいろいろなおばけを
考えてみてはいかが？

準備するもの
厚紙　色画用紙　丸棒
スポンジ　カラーひも　竹ひご
段ボール　カラーテープ

1 おばけをつくる

1. 厚紙で形をつくり（約30cm）、色画用紙（白）を両面に貼る。

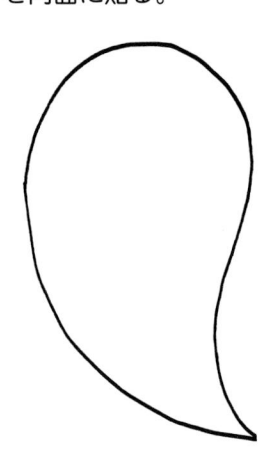

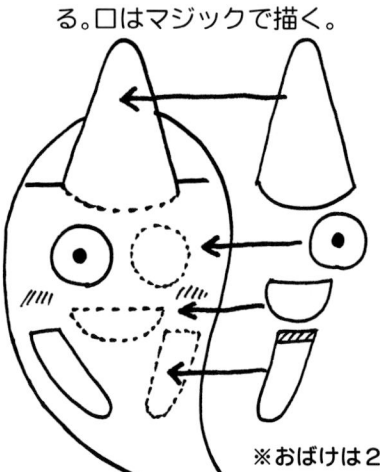

2. 色画用紙でつくった目や、手などをのりづけする。口はマジックで描く。

※おばけは2体つくる

2 かさおばけをつくる

1. 色画用紙（うす茶）で、円すいをつくる（高さ約20cm）。

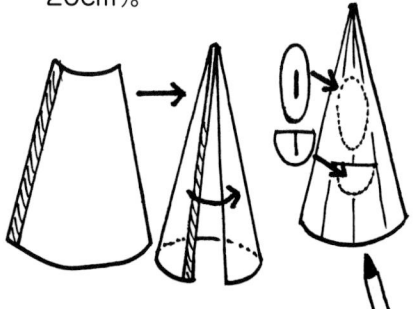

かさの縦模様を描き、目と舌をのりづけ

2. 丸棒を円すいの中央に差しこみ、円すいのてっぺんと竹ひごをカラーテープ（茶）でしっかり固定する。

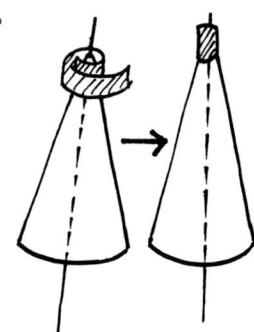

3. かさの側面に切りこみを入れ、色画用紙（肌色）でつくった手を差しこみ、内側でのりづけして固定する。

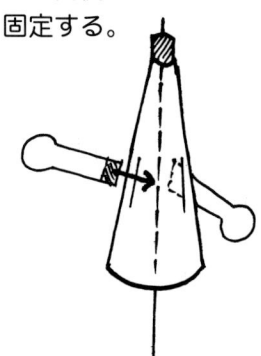

※かさおばけは2体つくる

3 柳をつくる

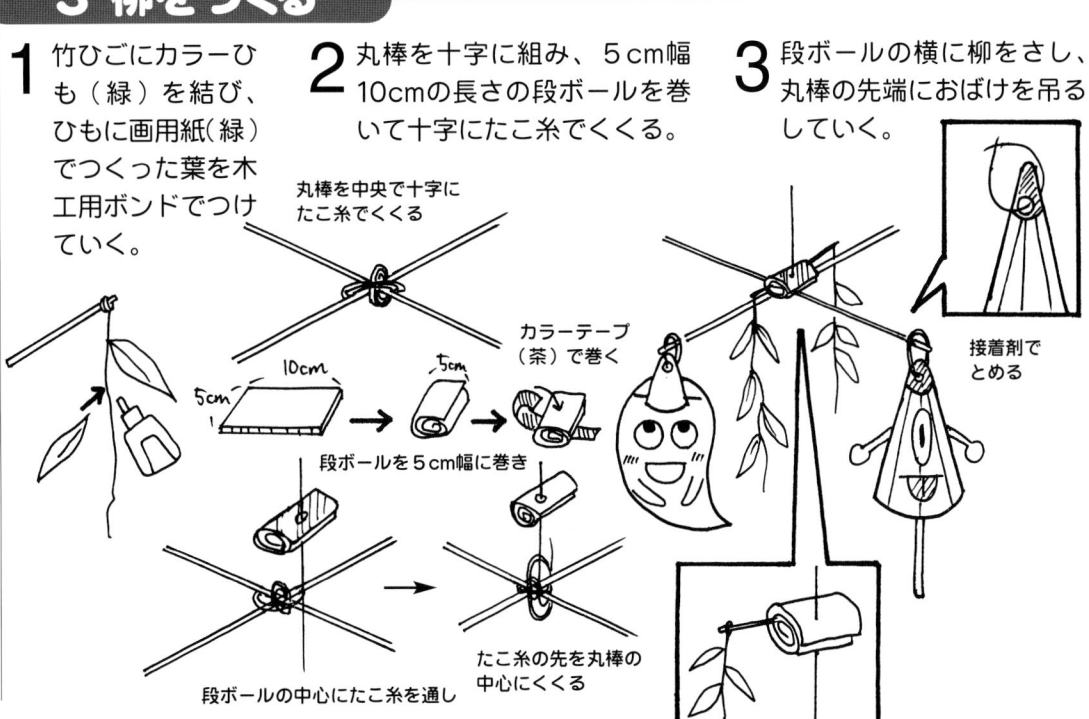

1. 竹ひごにカラーひも（緑）を結び、ひもに画用紙（緑）でつくった葉を木工用ボンドでつけていく。

2. 丸棒を十字に組み、5cm幅10cmの長さの段ボールを巻いて十字にたこ糸でくくる。

3. 段ボールの横に柳をさし、丸棒の先端におばけを吊るしていく。

丸棒を中央で十字にたこ糸でくくる

カラーテープ（茶）で巻く

段ボールを5cm幅に巻き

段ボールの中心にたこ糸を通し

たこ糸の先を丸棒の中心にくくる

接着剤でとめる

海の中の仲間たち

夏 8月

風が吹くたびにすずらんテープがゆらめいて、海の中にいるようなイメージを演出します。

準備するもの
色画用紙　紙皿
すずらんテープ
テグス　丸棒

季節の行事飾り

1 さかなをつくる

1 色画用紙（黄緑）で顔用の円すいをつくる（高さ約10cm）。

目を両サイドにつけ、ほほを描く。

2 顔より細長めに体用の円すいをつくる（高さ約15cm）。

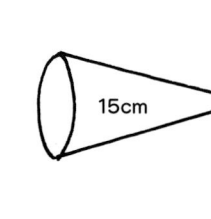

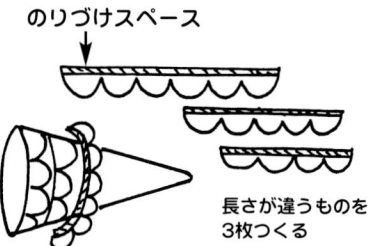

のりづけスペース

長さが違うものを3枚つくる

色画用紙（黄）でウロコを3枚つくり、体に木工用ボンドで貼る

3 色画用紙（黄緑）で、尾びれを2枚つくり、体をはさむように貼る。

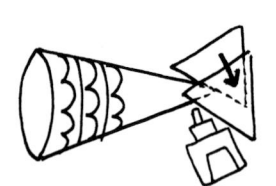

4 顔と体の円すいを木工用ボンドでつけ、胸びれ（黄緑）を両サイドにつける。

円すいのサイズを小さくして、大きさの違うさかなを何匹かつくる

2 タコをつくる

1 紙皿（約15cm）を2枚用意し、2枚とも裏面を赤く塗り、表用の紙皿に目をつける。

約15cm
顔 表用　　裏用

2 色画用紙（赤）で円柱（長さ7cm）をつくり、顔の中心に貼りつける。

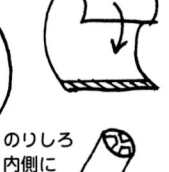

のりしろ内側に

3 顔裏用の紙皿に、色画用紙（赤）を細長く切った足をのりづけし、2枚の紙皿を貼り合わせる。

36

3 貝類をつくる

1 85ページのコピー型紙を使い、色画用紙を貝の形に切る（それぞれ2枚ずつつくる）。

【貝のつけ方】

貝の裏に両面テープを貼って、すずらんテープをはさむように貼りつけていく

4 海をつくる

1 丸棒に両面テープを貼り、すずらんテープ（青、白）をバランスよく巻きつける。

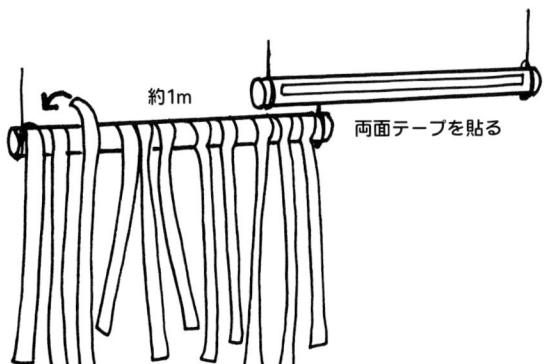

約1m
両面テープを貼る

2 さかな、タコにテグスをつけ、丸棒に吊るしてから色画用紙の（水色、青）で、丸棒の幅に波を2枚つくり、少しずらして貼り、すずらんテープの根元をかくす。

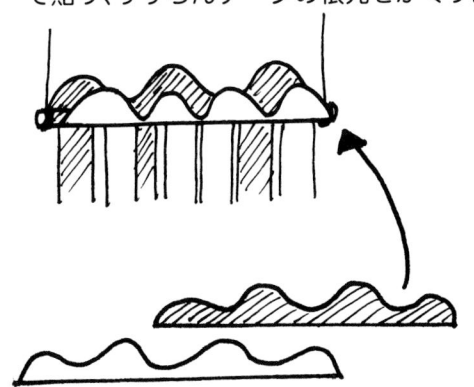

お月さまとウサギのダンス

秋 9月

タラッタラッタラッタ……。と思わず口ずさんでしまうような、楽しい天井飾りです。

準備するもの
段ボール　セロファン
色画用紙　すずらんテープ
竹ひご　麻ひも

季節の行事飾り

1 お月さまをつくる

1 段ボールで円（直径25cm）をつくり、2cm小さい円を切りぬいて外枠をつくる。

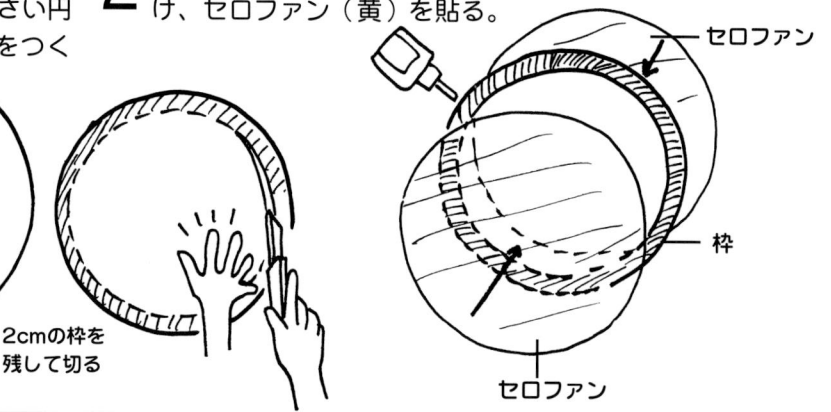

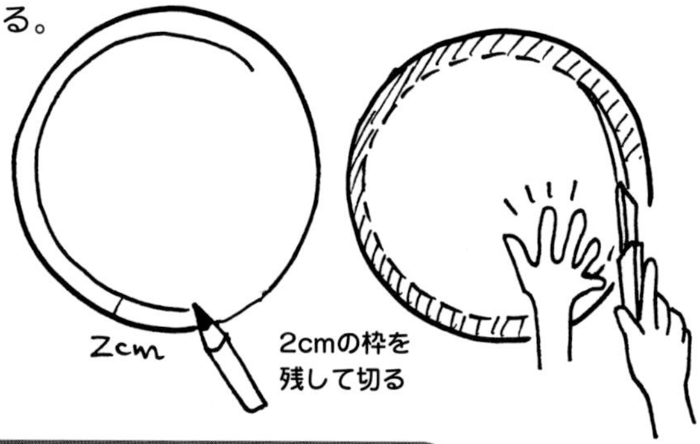

2cm／2cmの枠を残して切る

2 外枠の両面に木工用ボンドをつけ、セロファン（黄）を貼る。

セロファン／枠／セロファン

2 ウサギをつくる

1 色画用紙をびょうぶ折りにし、81、82ページのコピー型紙をあて写してから切りとる。

手を端まで描いておくと、広げたときにつながっている

2 広げてから、顔を描く（裏表2組）。

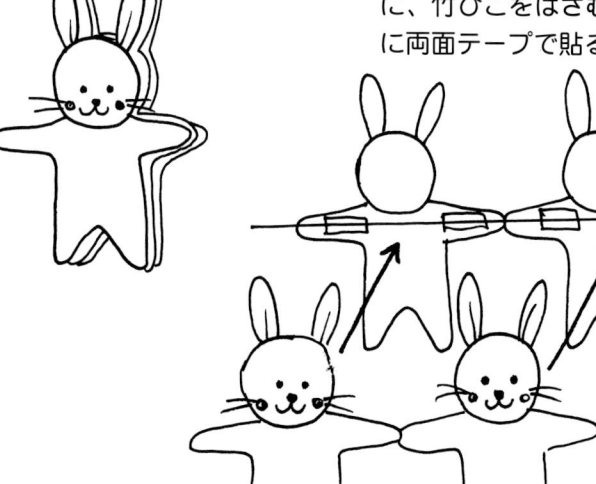

3 裏側に竹ひごをつけ、セロハンテープで貼る。ウサギは竹ひごをつけたところが見えないように、竹ひごをはさむように両面テープで貼る。

3 ススキをつくる

1. 麻ひもを10cmの長さに5回くらい巻き、根元を竹ひごにたこ糸でくくりつけ、麻ひもの輪をハサミで切る。

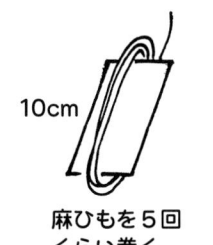

10cm
麻ひもを5回くらい巻く

根元を竹ひごにたこ糸できつくしばる

ハサミで麻ひもの輪を切る

4 各パーツを合わせる

1. 真ん中の麻ひもの部分に、お月さまをぶら下げる。

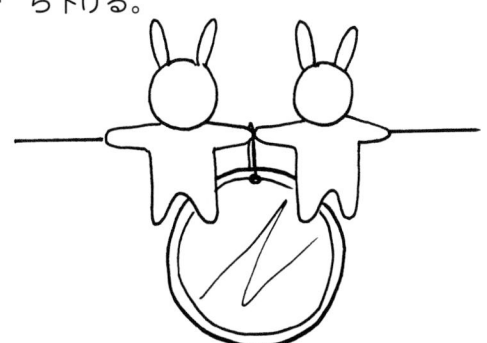

2. 月の中心の段ボールの穴の部分に3-1のススキを2本さす。

動物をつくる 1 ライオン

単体で飾ってもいいけれど、いろいろな動物をつくって動物園ふうに吊しても楽しいですね。

準備するもの
厚紙　色画用紙
すずらんテープ
モール

動物飾り

1 95ページのコピー型紙を使い、色画用紙（黄土色、オレンジ）で顔をつくる。

2 色画用紙（黄土色）で円柱（長さ約27cm）の体をつくる。

しっぽは、モールの先に裂いたすずらんテープをつける

3 円柱の先端に、色画用紙（黄土色）でつくった足をつける。後ろ足も同様に。

4 厚紙2、3枚重ねにした板棒をつくり、頭と体に板棒を渡して木工用ボンドでつなげる。

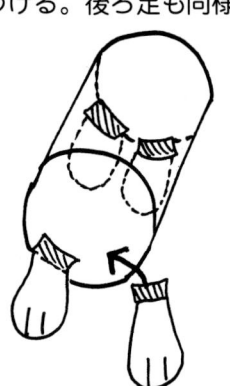

こうしておくと、動かしたときに頭が揺れる

鬼は〜外！…**70ページ**

紙皿・紙コップでつくる干支
…亥（いのしし）…**69ページ**

なかよしびな…**74**ページ

きらきらクリスマスツリー…**60**ページ

紙皿・紙コップでつくる干支
…巳(へび)…**68**ページ

もうすぐ春ですヨ！…**76**ページ

花をつくる…チューリップ…**79**ページ

機関車しゅっぽー…50ページ

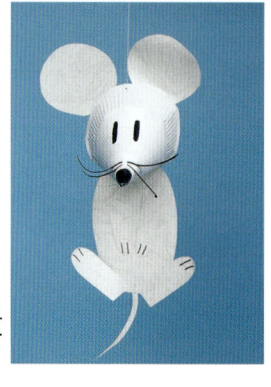

紙皿・紙コップでつくる干支
…子（ねずみ）…67ページ

動物をつくる…キリン…49ページ

母の日のカーネーションモビール…**24**ページ

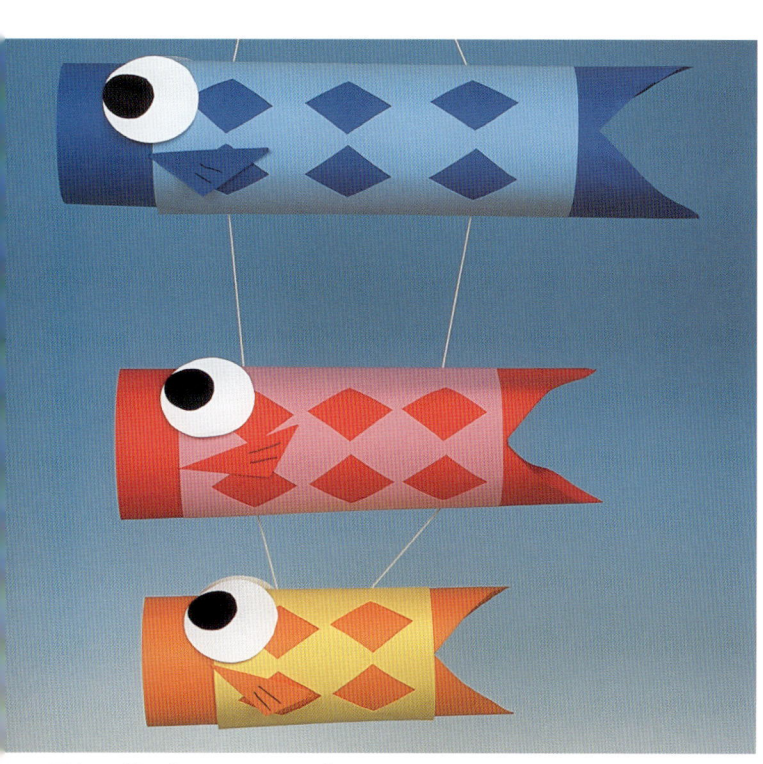

元気に泳げ！　こいのぼり…**22**ページ

宇宙ロケット…**32**ページ

楽しいそり遊び…**72**ページ

紙皿・紙コップでつくる干支…寅（とら）…**67**ページ

楽しい遠足…**58**ページ

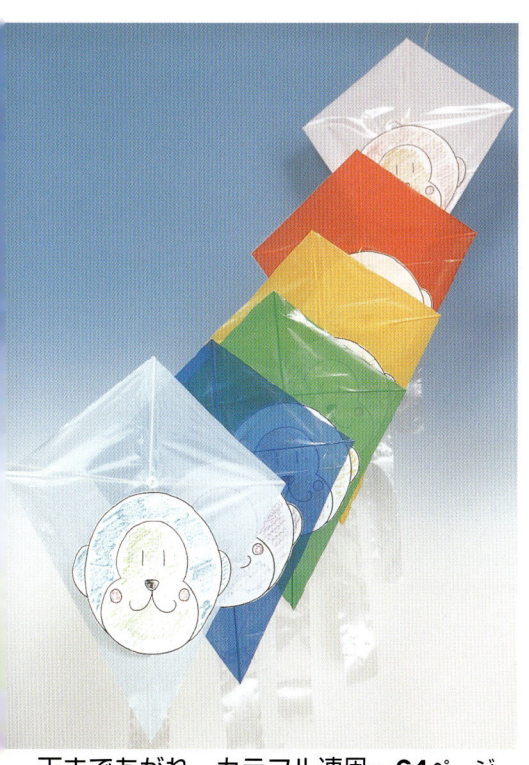

天まであがれ　カラフル連凧…**64**ページ　　花をつくる…サクラ…**78**ページ

気球にのっておめでとう…**18ページ**

紙皿・紙コップでつくる干支…午（うま）…**68ページ**

動物をつくる2 キリン

ラップ芯と組み合わせて、
首の長〜いキリンをつくってもいいですね。

準備するもの
ティッシュの空き箱
トイレットペーパー芯
色画用紙　厚紙
モール　すずらんテープ

動物飾り

顔をつくる

1. 95ページのコピー型紙を使い、厚紙で顔をつくる。

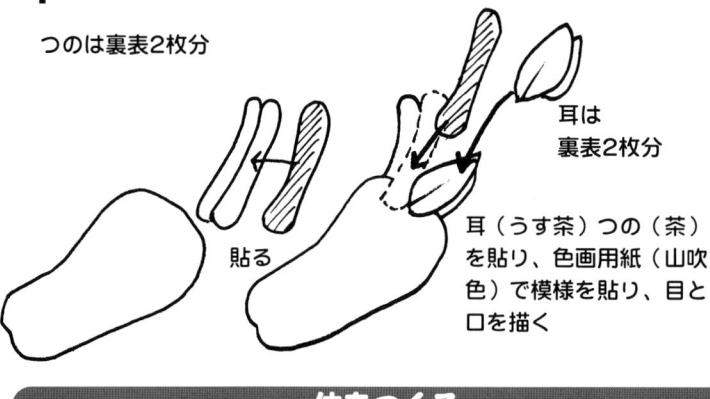

つのは裏表2枚分

耳は裏表2枚分

貼る

耳（うす茶）つの（茶）を貼り、色画用紙（山吹色）で模様を貼り、目と口を描く

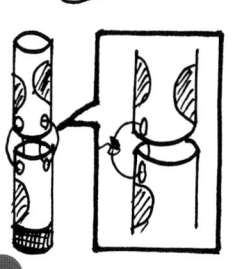

トイレットペーパー芯2本をモールでつなげたものを5セット作り、足と首にする。

体をつくる

1. ティッシュの空き箱に色画用紙（白）を木工用ボンドで貼り、色画用紙（山吹色）で模様を貼る。

2. トイレットペーパー芯2本にも色画用紙（白）を貼り、山吹色の紙で模様を貼る。

モール

しっぽはモールとすずらんテープで

吊るす用のたこ糸は首の後ろとおしりのあたりに通してぶら下げる

3. 完成図のように、顔、首、体、足をモールでつなげていく。

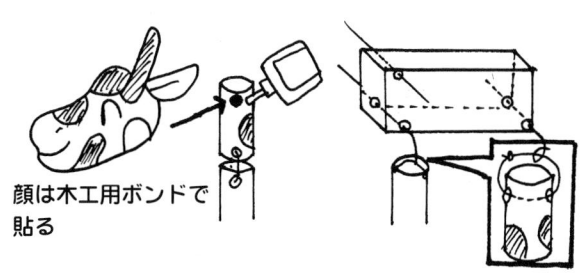

顔は木工用ボンドで貼る

足のつけねと首のねっこは、図のように箱にモールを貫通させてからくくる

49

機関車しゅっぽー

秋 9月

車両を長ーくつなげれば、クラス中のお友だちが乗れますね。みんなを乗せて出発ーっ。

準備するもの
ティッシュの空き箱
トイレットペーパー芯
色画用紙　ラップ芯
厚紙　わりピン

季節の行事飾り

1 機関車をつくる

1 ティッシュの空き箱を1.5個、ラップ芯を用意する。

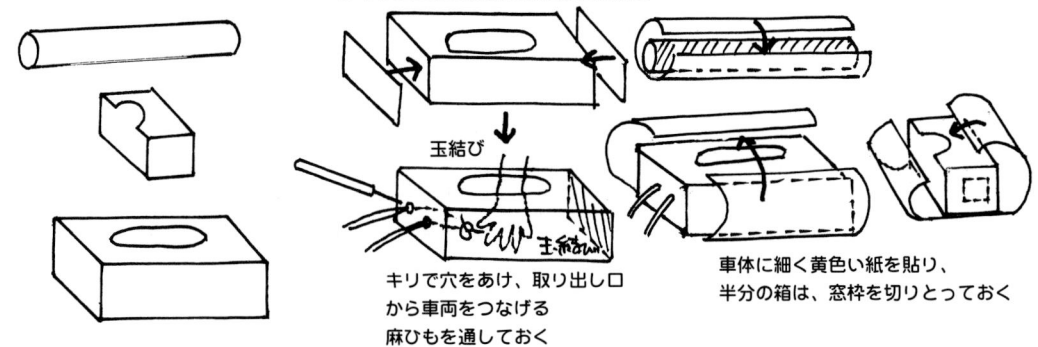

2 それぞれに色画用紙（赤）を木工用ボンドか両面テープで貼る。
ティッシュの空き箱は先に側面を貼る

玉結び
キリで穴をあけ、取り出し口から車両をつなげる麻ひもを通しておく

車体に細く黄色い紙を貼り、半分の箱は、窓枠を切りとっておく

3 それぞれのパーツを絵のように組み合わせ、ラップ芯の煙突はのりしろをつくってから貼りつける。

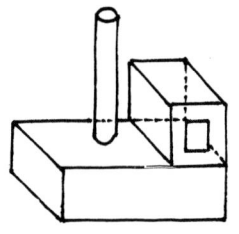

4 その他のパーツを厚紙でつくり、色画用紙を貼り、列車につけていく。

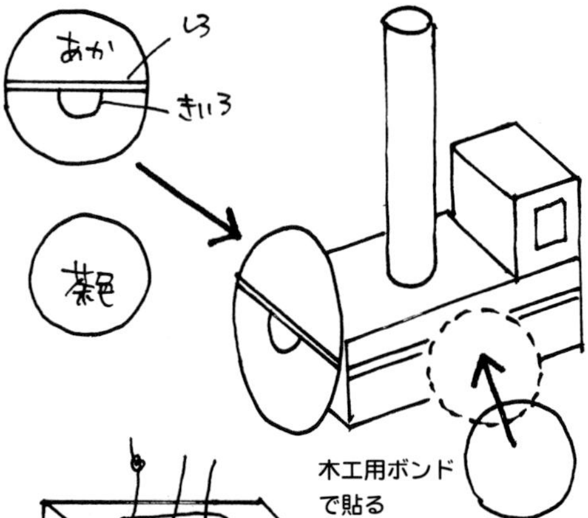

あか
いろ
きいろ
茶

木工用ボンドで貼る

5 他の車両も同じように色画用紙を貼り、車輪を取りつける。

車輪はキリで穴をあけ、わりピンでとめていく

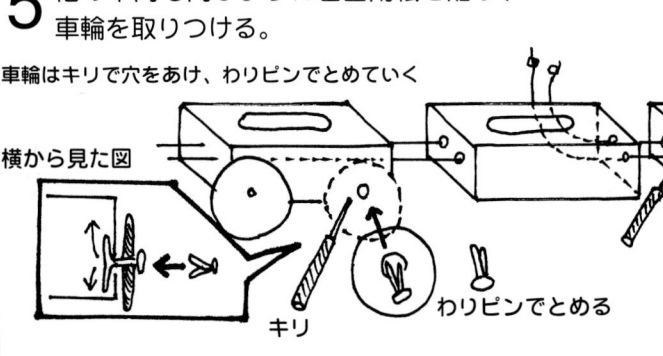

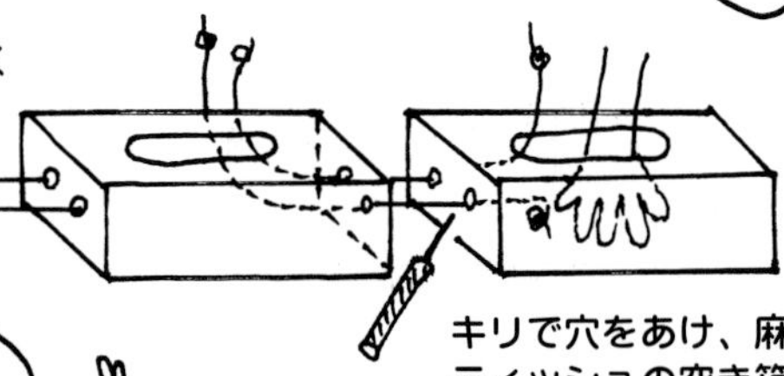

横から見た図

キリ
わりピンでとめる

キリで穴をあけ、麻ひもを通し、ティッシュの空き箱の取り出し口から手を入れ、玉結びにして固定する

取り出し口は切り抜き、ビニール部分を取っておく

2 乗客・バスケットをつくる

1 82ページのコピー型紙を色画用紙にあてて、コドモと動物をつくり、顔を描く。

黄色
茶色
はだ色
セリジミ
茶色
うす茶

2 トイレットペーパー芯で体をつくり、厚紙でつくった手と顔を貼る。

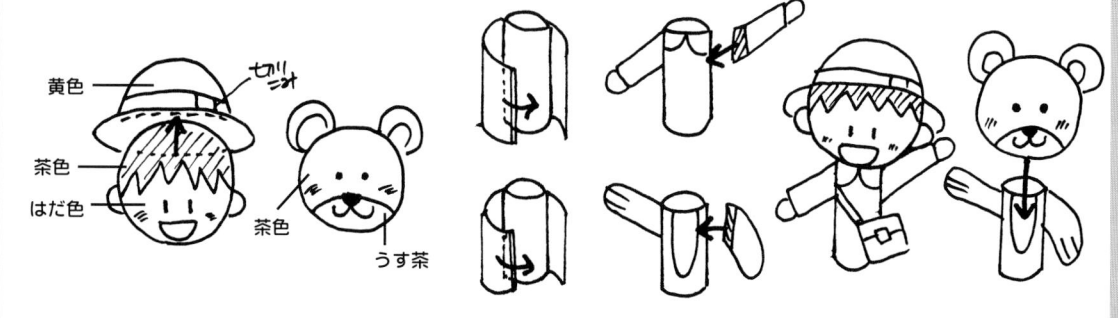

3 色画用紙（うす茶）を2枚重ねてのりづけし（点線部分）バスケットをつくる。

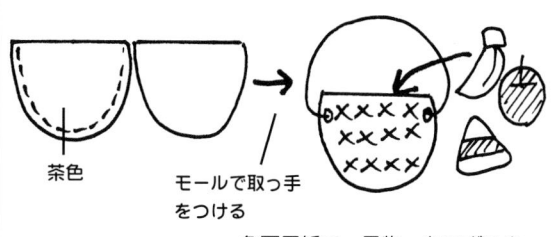

茶色
モールで取っ手をつける

色画用紙で、果物、おにぎりをつくり、見えるようにバスケットの中に入れてのりづけする。

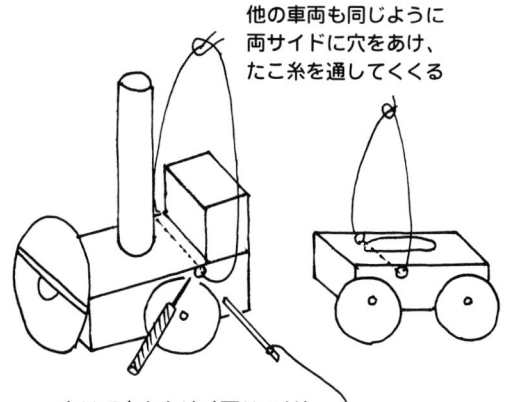

4 乗客とバスケットを乗せ、機関車を天井から吊るす。

他の車両も同じように両サイドに穴をあけ、たこ糸を通してくくる

キリで穴をあけ（両サイド）、竹ひごにたこ糸をつけ貫通させてからくくる

秋 10月

運動会…かけっこバージョン

準備するもの
色画用紙　丸棒
テグス

種目別のモビールを飾ってカウントダウン。
運動会当日までの期待感がたかまりますね。

季節の行事飾り

丸棒を組む

1 丸棒（約50cm）を十字に組む。
たこ糸で、たて・横をしっかりくくる

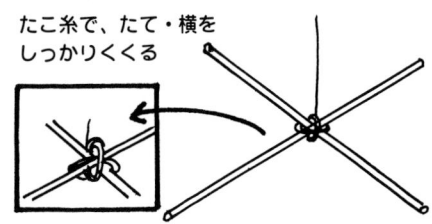

2 82、83ページのコピー型紙を使い、色画用紙でコドモを4人つくる（両面）。

両面分つくる
25cm

赤
はだ色
白
青

3 丸棒にバランスよくコドモを吊り下げる。

テグス

バリエーション

その1 丸棒を1本増やせば、6人バージョンもできる。

3回に分けてしっかりたこ糸でくくる

その2 色画用紙でパンをつくり、コドモの間に入れて吊すと、パン食い競争バージョンになる。

運動会…綱引きバージョン

準備するもの
色画用紙　丸棒
綿ロープ

丸棒を組む

1 丸棒3本（長さ約60cm1本、約30cm2本）をたこ糸でくくり、モビール状に組む。

2 82、83ページのコピー型紙を使い、色画用紙でコドモを4人つくる（両面）。

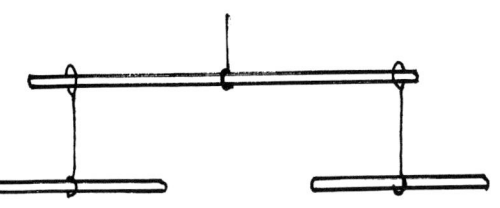

茶
赤・黄
はだ色
白
青

3 2を丸棒をはさんで頭の部分を両面テープでとめ、全体に木工用ボンドで両面を貼り合わせる。

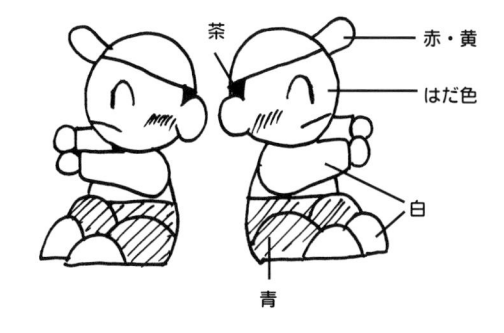

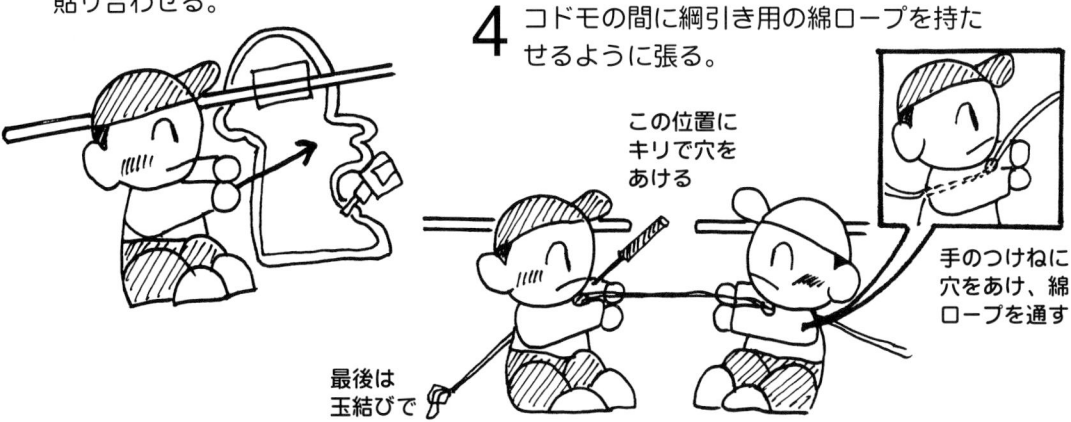

4 コドモの間に綱引き用の綿ロープを持たせるように張る。

この位置にキリで穴をあける

手のつけねに穴をあけ、綿ロープを通す

最後は玉結びで

秋 10月

赤トンボ

くるくる目玉のトンボがユニーク。
1匹ずつテグスをつけて
天井から吊してもいいですね。

準備するもの
色画用紙　段ボール
麻ひも　テグス
竹ひご

季節の行事飾り

1 トンボをつくる

1. 色画用紙（黒）で、細長い円柱（長さ約15cm）をつくる。

2. 円柱の裏に、色画用紙（赤）でつくった羽根4枚を木工用ボンドで貼る。

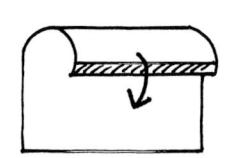

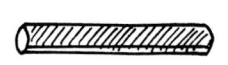

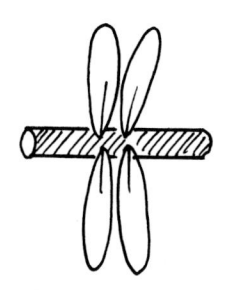

3. 表に目を2個つける。

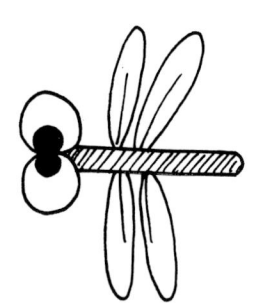

4. テグスをトンボに通し、竹ひごにくくる。

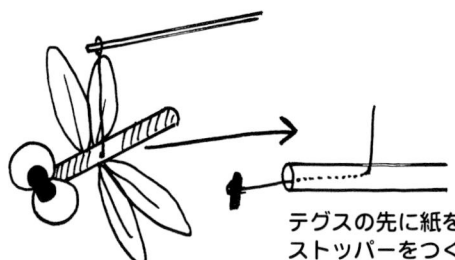

テグスの先に紙をつけてストッパーをつくる。竹ひごにテグスを巻いた部分は透明接着剤で固定しておく

2 葉をつくる

1. 86ページのコピー型紙を使い、モミジ、イチョウなどの葉をつくる。それぞれ重ね切りで10枚ずつくらいつくる。

2. 50～60cmくらいの麻ひも8本に葉を木工用ボンドでつけていく。

裏表たがいちがいに貼っていく

3 枠をつくる

1 幅約10cmの段ボールを細長く切り、茶色の紙を貼る（長さは自由）。

2 1を丸めて（丸め方は5ページ参照）直径30cmくらいの円を作り、つなぎ目は茶色のカラーテープでとめる。

しっかりくくる

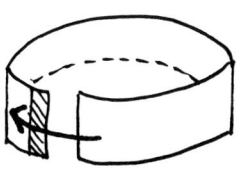

円の上部に穴を4つあけ、吊り下げ用のひもを通す。下部にも8つ穴をあけておく。

3 下部に麻ひもにつけた葉を通し、玉結びでとめる。

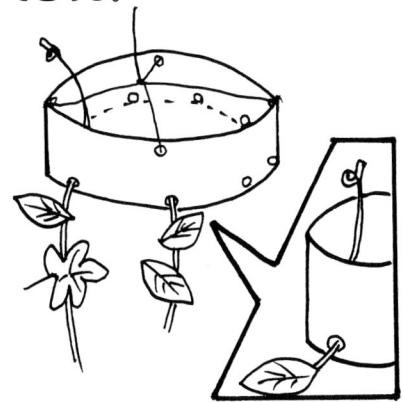

4 竹ひごにつけたトンボ用に新たに好きな位置にキリで穴をあけて差しこみ、木工用ボンドで固定する。

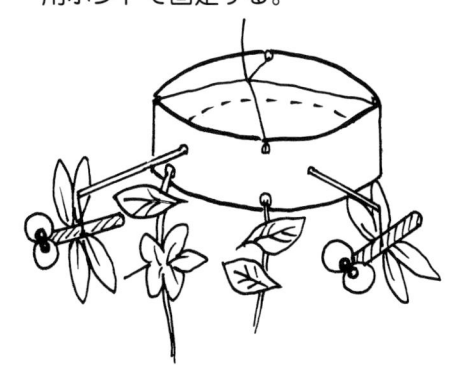

ハロウィン かぼちゃと魔女

秋 11月

ほうきにのった魔女がカワイイ。
針金ハンガーを利用した
アイデアモビール。

準備するもの
色画用紙　麻ひも
針金ハンガー

季節の行事飾り

1 魔女をつくる

1 色画用紙（黒）で体用の円柱をつくる（幅約27cm）。

約12cm / 27cm

2 体のバランスに合わせ、色画用紙（黒、肌色、赤）でマント、手足、リボンをつくり、体にのりづけする。

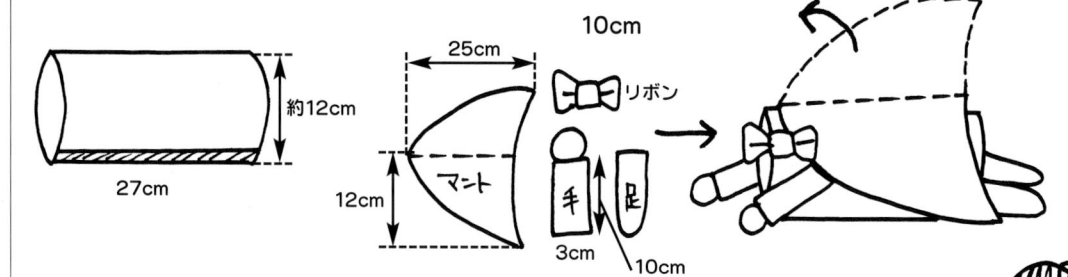

25cm / 10cm / 12cm / 3cm / 10cm
マント　リボン　手　足

3 色画用紙（肌色）で顔を2枚つくり（幅約11cm）、表の顔の紙に色画用紙（オレンジ）の髪を貼り、目と口を描く。

11cm

後ろの面にも色画用紙（オレンジ）の髪を貼る

鼻は顔に合わせて、三角に切った色画用紙（肌色）を半分に折り、顔にのりづけする

4 色画用紙（黒）で帽子を2枚つくる。

点線の部分にのみのりをつけて貼る

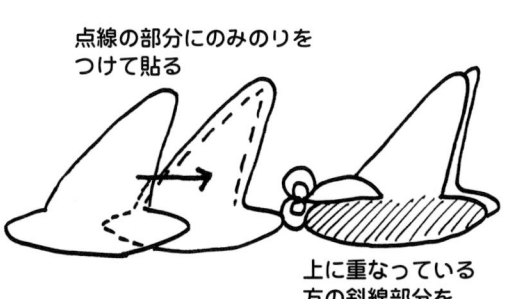

上に重なっている方の斜線部分を切り落とす

5 顔と帽子をくっつける。

横髪をつける

6 顔の表と裏の部分で、体をはさむようにして貼り合わせる。

56

左右のバランスは
コウモリのひもの
長さで調節する

2 ほうきをつくる

1. 色画用紙（茶）で、ほうきの柄用の細長い円柱（幅約30cm）をつくる。

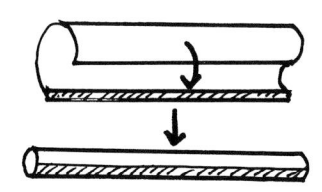

2. 色画用紙（うす茶）をほうきの先用に細長く切り、柄の先にのりづけし、根元を麻ひもでしっかりくくる。

4 飾る

1. ほうきは柄の部分を手と足ではさんで木工用ボンドでとめる。

3 その他のパーツをつくる

1. 87ページのコピー型紙を使い、色画用紙（オレンジ）でかぼちゃの形を裏表2枚つくり、目と口を貼る。

2. 87ページのコピー型紙を使い、色画用紙（黒）を2枚重ねに貼り合わせて丈夫にして、コウモリの形に切る。

首のつけねにキリで
2つ穴をあけ、
たこ糸を通す

秋 11月

楽しい遠足

空飛ぶバス!?　で楽しい遠足。
顔は子どもたちに描いてもらえば、
子ども参加の作品に!

準備するもの

段ボール　厚紙　色画用紙
竹ひご　カラーテープ
テグス　トイレットペーパー芯

季節の行事飾り

1 バスをつくる

1 段ボールをバスの形に2枚切る。

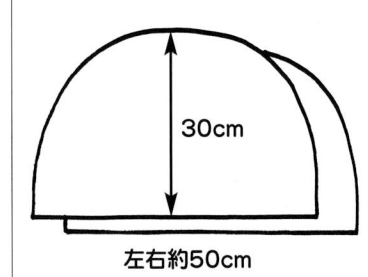

30cm
左右約50cm

2 色画用紙（水色）を段ボールに貼り、（2枚とも）窓を3箇所切り抜く。

キリ

2枚重ねて切る
竹ひごを通す穴も4箇所、
2枚いっしょにあけておく

3 バスの表面に色画用紙（白）で模様とドアをつけ、ランプ（黄）、排気口（グレー）をバスに貼りつける（2枚とも）。

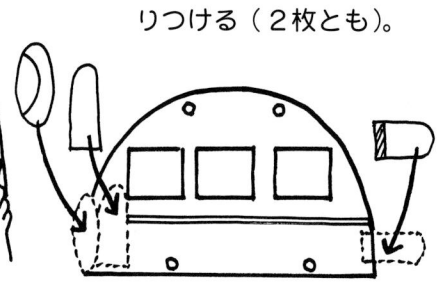

4 マークの部分に竹ひごを貫通させ、竹ひごの先に、カラーテープ（水色）を巻いて固定させる。

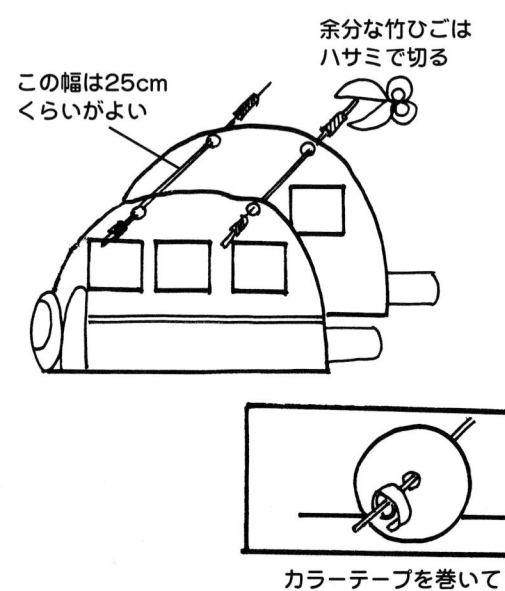

この幅は25cm
くらいがよい

余分な竹ひごは
ハサミで切る

5 厚紙で（直径約15cm）の円を4つつくり、色画用紙（グレー）を貼り、バスに取りつける。

バスの下部に穴を開け、
竹ひごにタイヤを通して、
バスを貫通させ、もう1枚の
タイヤを通す

カラーテープを巻いて
ストッパーにする

竹ひごの先は、カラーテープ
（グレー）を巻いてタイヤを
固定させる

2 コドモをつくる

1 82ページのコピー型紙を使って厚紙に型をとり、色画用紙を貼る（6人分）。顔は裏表2枚つくる。

体をはさむように表と裏を木工用ボンドでつける

2 色画用紙（黄）で帽子を両面つくり、コドモに貼る。胴はトイレットペーパー芯を使う。

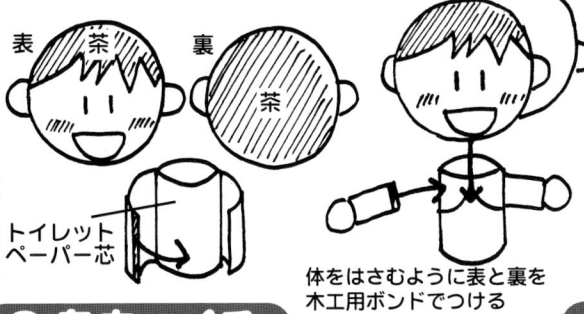

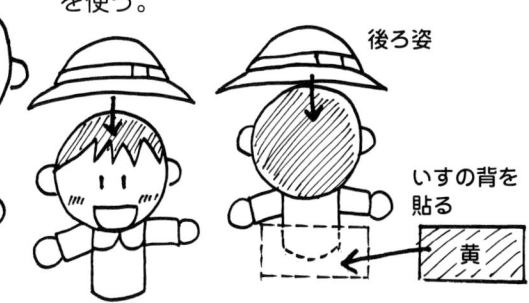

後ろ姿
いすの背を貼る

3 鳥をつくる

1 色画用紙（うす黄、うすピンク、うす緑、など淡い色）を丸く切り、半分に折る。

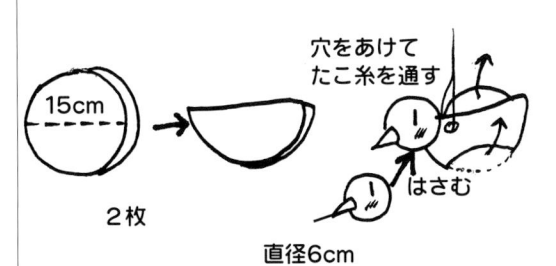

15cm 2枚
穴をあけてたこ糸を通す
はさむ
直径6cm

同じく色画用紙で作った顔（直径約6cm）を体にのりづけする。体の円の部分を少し上に反らせる。

4 飾る

1 それぞれにたこ糸をつけて、天井から吊り下げる。

竹ひごの部分に4箇所たこ糸を結ぶ

木工用ボンドでバスにコドモを貼りつける

きらきらクリスマスツリー

冬 12月

厚紙2枚を組み合わせるだけでできる簡単ツリー。床に届くくらいの大きなツリーもいいですね。

準備するもの
色画用紙　ホイル折り紙
キラキラモール　テグス
穴あけパンチ　厚紙　ベル

季節の行事飾り

ツリーのつくり方

1 厚紙の両面に色画用紙（深緑）を貼り、ツリー型に切ったものを2枚つくる（高さ約35cm、幅約26cm）。

2 ツリーの点線の部分に切りこみを入れておく。

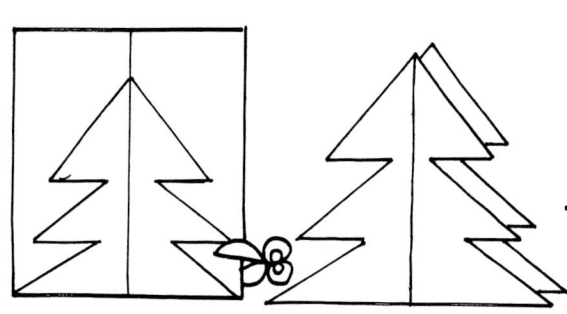

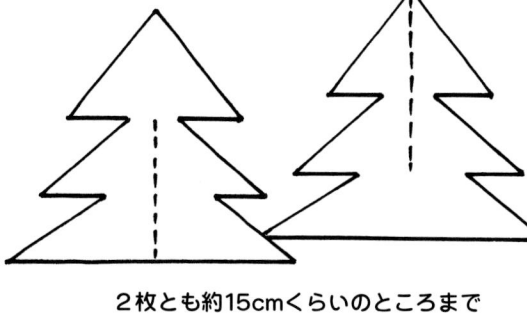

2枚とも約15cmくらいのところまで切りこみを入れる

3 切りこみ部分をはめこんで、2枚を組み合わせる。

4 ツリーの4つの先端すべてに穴をあけ、テグスを通す。

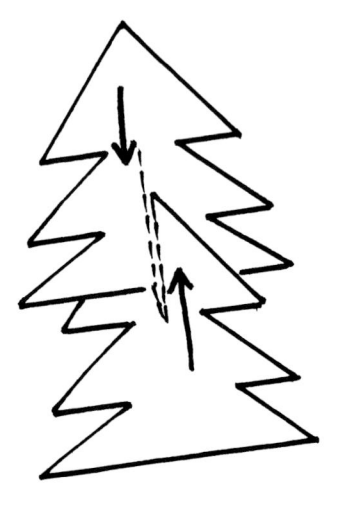

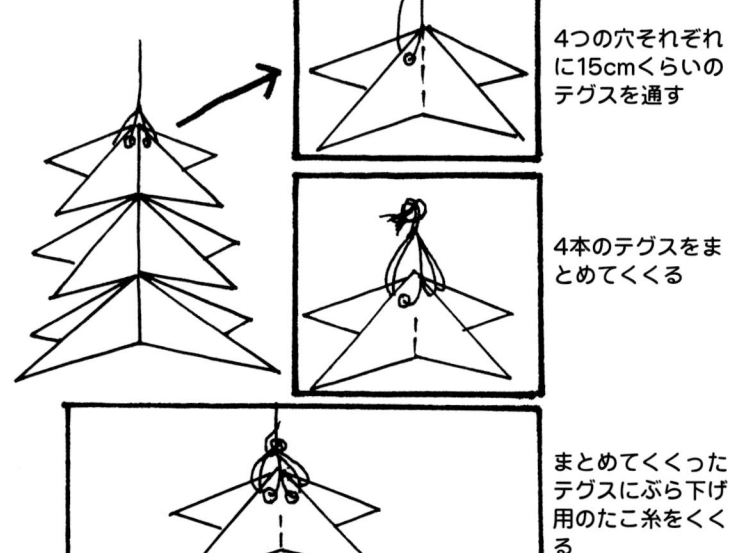

4つの穴それぞれに15cmくらいのテグスを通す

4本のテグスをまとめてくくる

まとめてくくったテグスにぶら下げ用のたこ糸をくくる

5 85ページのコピー型紙を使って厚紙で星型をつくり、金色の紙を貼ったものを2枚つくる。

先端のテグスをはさむように、両面でボンドで貼り合わせる

6 ホイル折り紙などで、星・長ぐつ・雪の結晶などのオーナメントをつくり、ツリーに貼る。

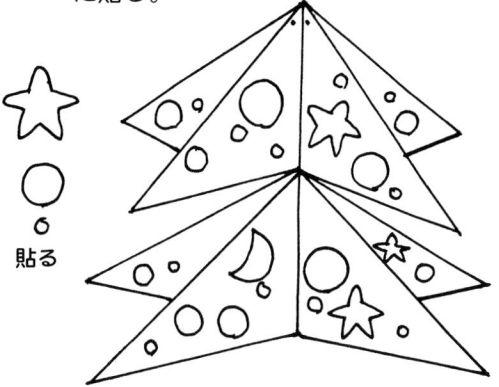

貼る

7 ツリーのそれぞれの先に、穴あけパンチで穴をあけて、キラキラモールを通していく。

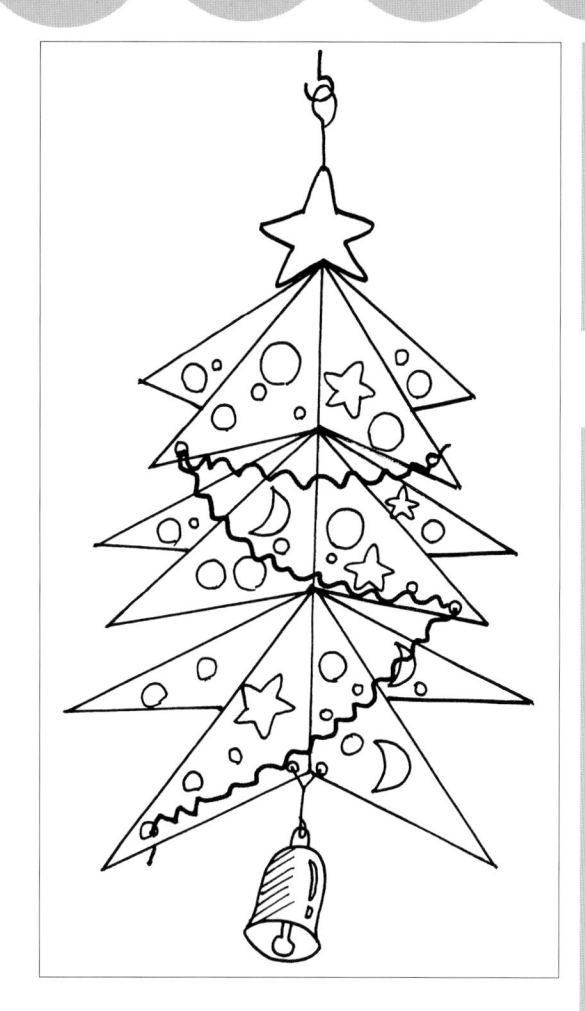

8 一番下の中央部分に、テグスを通し、小さなベルをつける。

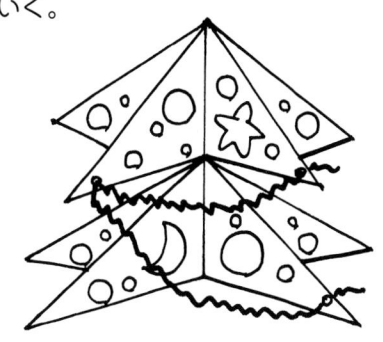

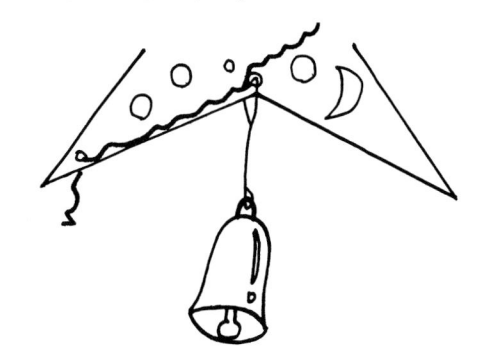

サンタが家にやって来た

冬 12月

空飛ぶサンタがユニーク。
家・トナカイ・サンタが
微妙なバランスでゆらゆら。

準備するもの
段ボール　色画用紙
セロファン　丸棒
綿

季節の行事飾り

1 トナカイをつくる

1 88ページのコピー型紙を使い、トナカイの顔を裏表2枚つくり、表の顔に目、耳、つのをのりづけする。鼻と口、ほっぺを描く。

2 裏にも、表と同じ位置につのと耳をつける。

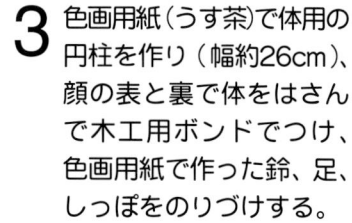

3 色画用紙（うす茶）で体用の円柱を作り（幅約26cm）、顔の表と裏で体をはさんで木工用ボンドでつけ、色画用紙で作った鈴、足、しっぽをのりづけする。

3 家をつくる

1 段ボールを家型に切る。

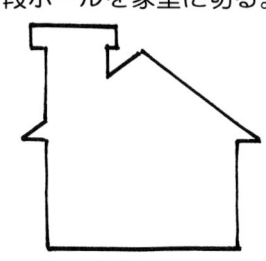

2 色画用紙を貼っていく。
茶…修正液で線を描く
赤
うす茶
このすきまは段ボールの地色
煙突に綿の雪を貼る

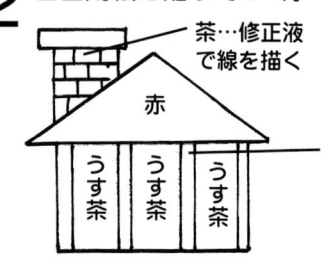

3 窓枠をつくり、両面テープで家に貼る。
茶の紙を四角く切りぬく 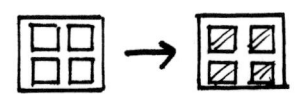
裏から黄色のセロファンを貼る

4 家を壁面に貼り、家の前にトナカイとサンタをバランスよく吊り下げる。
首に近い背中に2こ穴をあけ、円柱の後ろから手を入れたこ糸をくくる
サンタも同様にして、棒の両端にくくる

62

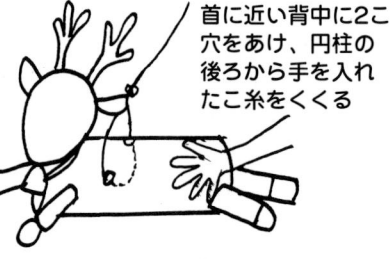

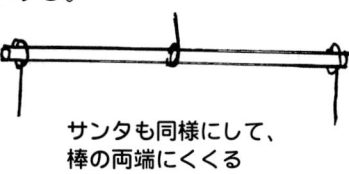

ひもの長さでバランスをとる
丸棒は中心がクギのところに
くるように。

2 サンタをつくる

1　81ページのコピー型紙を使い、色画用紙（肌色）で顔を表、裏2枚つくり、表の顔に目を描く。

2　88ページのコピー型紙を使い、色画用紙（白）でつくったひげ（顔の大きさに合わせる）と口（ピンク）をつける。

3　もう1枚の紙（頭の後ろ部分）には、髪の毛として綿を丸めて貼る。

ボンドで貼る

4　88ページのコピー型紙を使い、色画用紙（赤と白）で帽子の形を裏表2枚つくり、貼り合わせて、かぶれるようにする。

幅は顔に合わせてつくる

点線部分にのりづけ

5　顔と帽子を貼り合わせる。

顔の表と裏を上の部分だけ両面テープで貼り合わせる

6　色画用紙（赤）で体用の円柱（長さ約30cm）をつくり、手足、ボタン、ベルトを貼り合わせる。

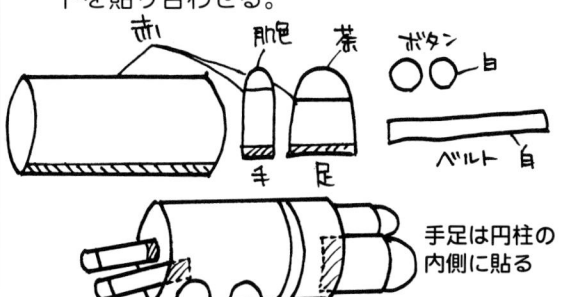

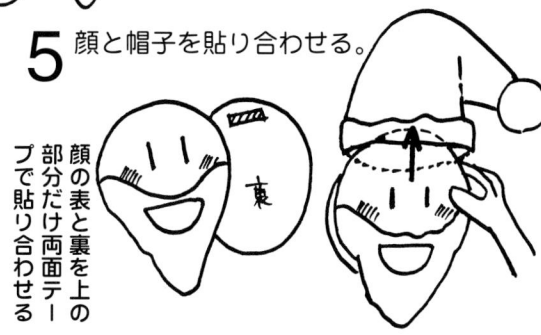

赤　肌色　茶　ボタン　白
　　　手　足　　ベルト　白

手足は円柱の内側に貼る

7　顔の表、裏で体をはさみ、貼り合わせる。

ひげ、帽子の先、ボタン、ベルトに綿をつける

天まであがれ カラフル連凧

冬 1月

カラーポリ袋でつくった連凧。
そのまま外でもあげられるので、
風のよい日にはチャレンジしましょう。

準備するもの
カラーポリ袋　竹ひご
色画用紙　透明のガムテープ
半紙（またはすずらんテープ）

季節の行事飾り

連凧のつくり方

1 竹ひごを下図のように十字に組む（横37cm・縦45cm）。

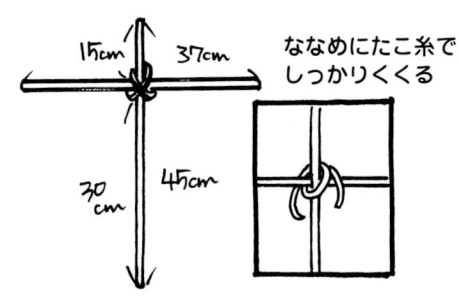

15cm　37cm
30cm　45cm
ななめにたこ糸でしっかりくくる
縦軸となる竹ひごが下になるようにする

2 カラーポリ袋（好きな色）を骨組みに合わせて切り、透明のガムテープでしっかり貼る。

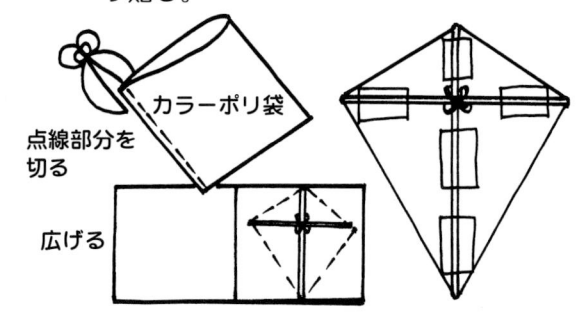

カラーポリ袋
点線部分を切る
広げる

3 横棒の両端にたこ糸を結び、反りをつける。

4 半紙（すずらんテープでも可）でしっぽをつくり、凧につける。

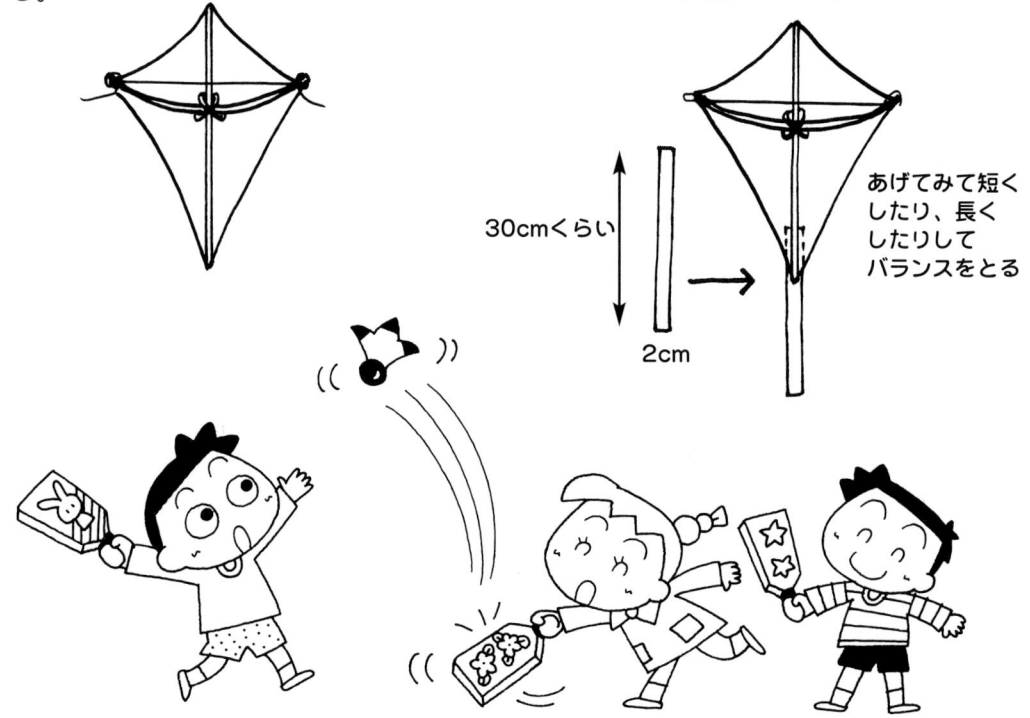

30cmくらい
2cm
あげてみて短くしたり、長くしたりしてバランスをとる

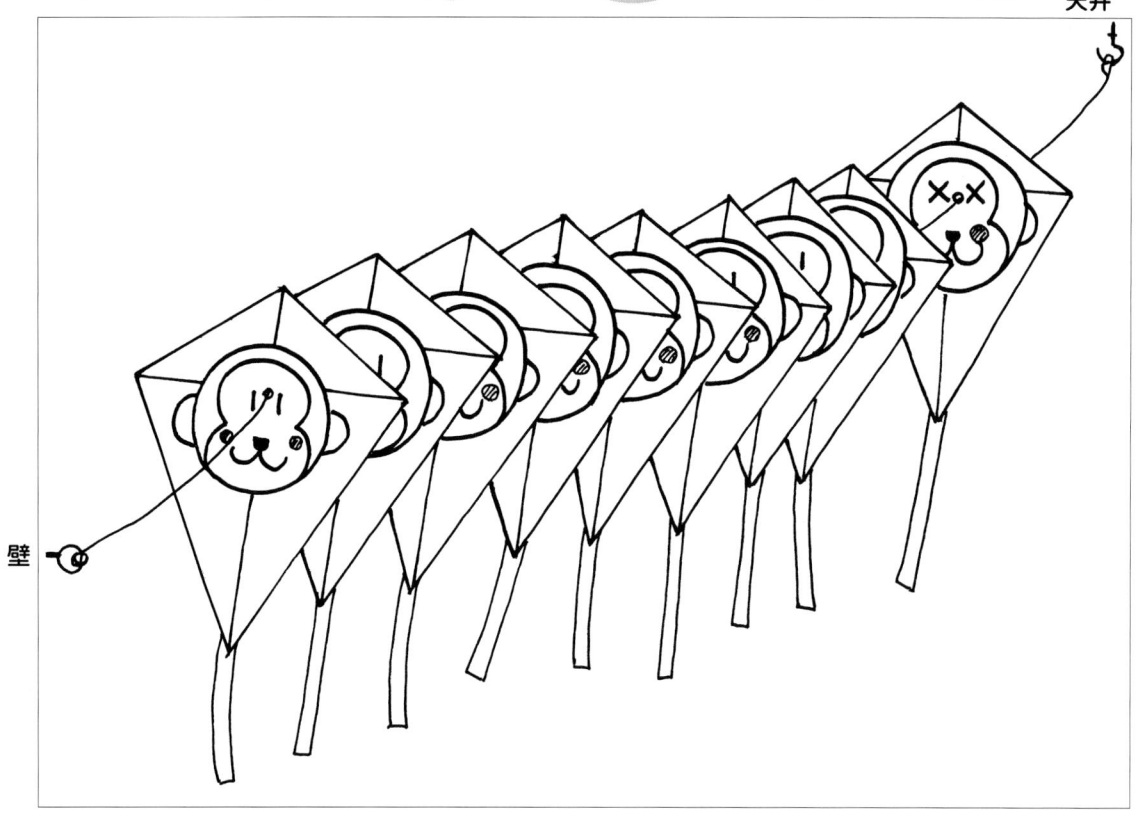

天井

壁

5 92ページのコピー型紙を使ってつくったサルの顔型に、子どもたちに自由に顔を描いてもらい、凧の中央に貼る。

両面テープで貼る

6 竹ひごの中心からたこ糸を出し、ポリ袋の中心に穴をあけてつなげていく。

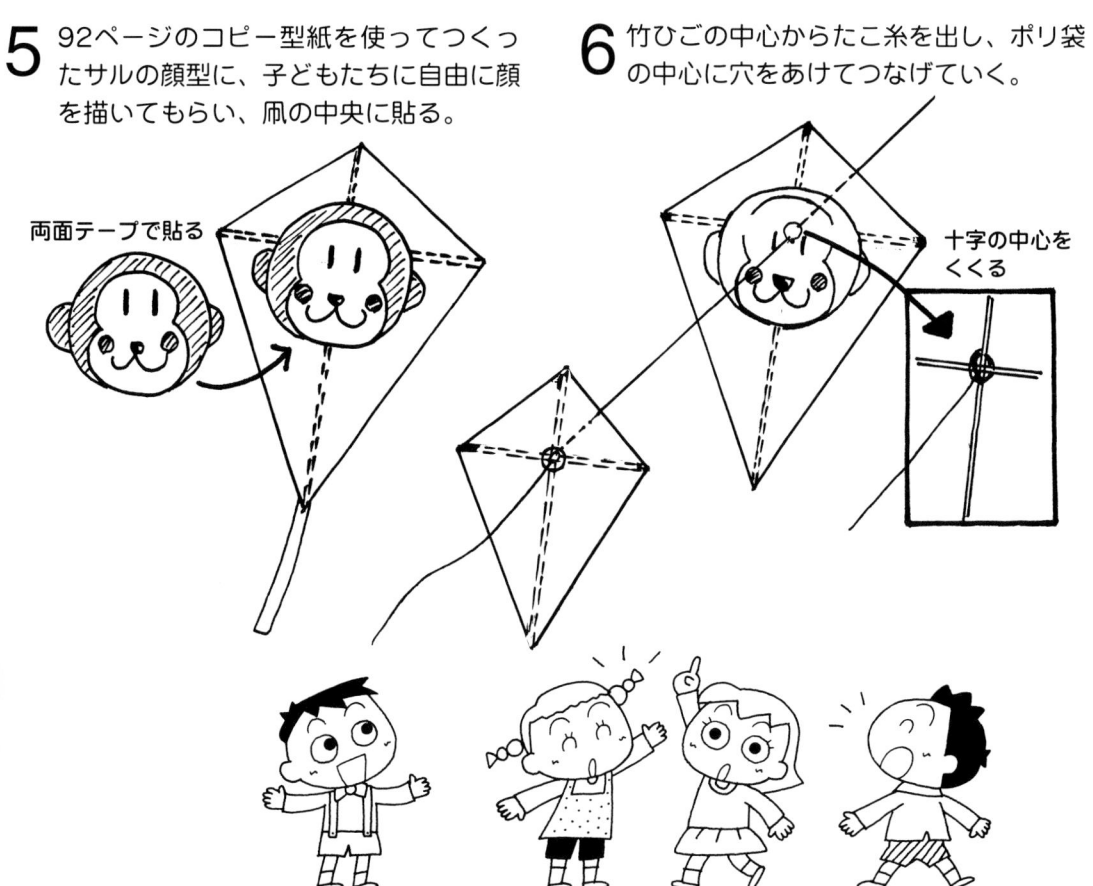

十字の中心をくくる

紙皿・紙コップでつくる十二支

冬 1月

紙皿と紙コップでできる十二支勢揃い。
いろいろな飾り方を
工夫してみてください。

準備するもの
紙皿　紙コップ　色画用紙
モール　すずらんテープ
割りばし　毛糸　厚紙

季節の行事飾り

申（さる）をつくる

1 紙皿（直径約17cm）を用意し紙皿の裏を茶色に塗る。

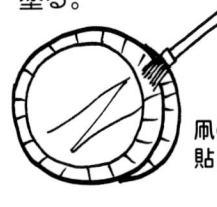

凧のサル型を貼ってもよい

2 色画用紙でつくった顔（うす茶）と耳（茶）を紙皿（表用）に木工用ボンドで貼る。

3 体用の紙コップを2個用意し、茶色に塗る。

4 紙コップに切れ目を入れ、色画用紙（茶）でつくった、手足、しっぽを差しこみ、中側で貼りつける。

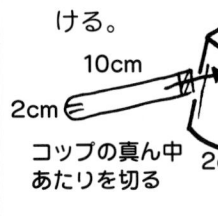

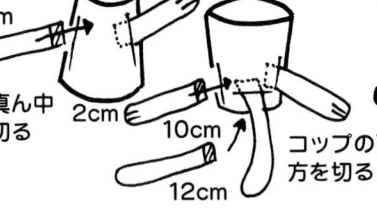

10cm
2cm
コップの真ん中あたりを切る
2cm
10cm
12cm
コップの下の方を切る

5 紙コップ2個を貼り合わせる。

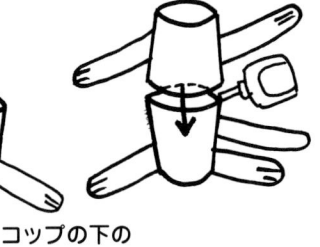

6 体用紙コップに、2の顔と画用紙（うす茶）でつくったお腹の楕円形を貼る。

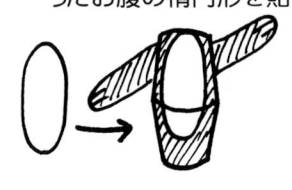

7 紙皿の顔を紙コップの体に貼りつける。

このあたりにつける

横から見たところ

8 色画用紙でバナナをつくり、サルと組み合わせて吊り下げる。

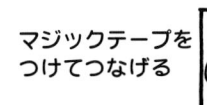

マジックテープをつけてつなげる

バナナは穴をあけてひもでくくる

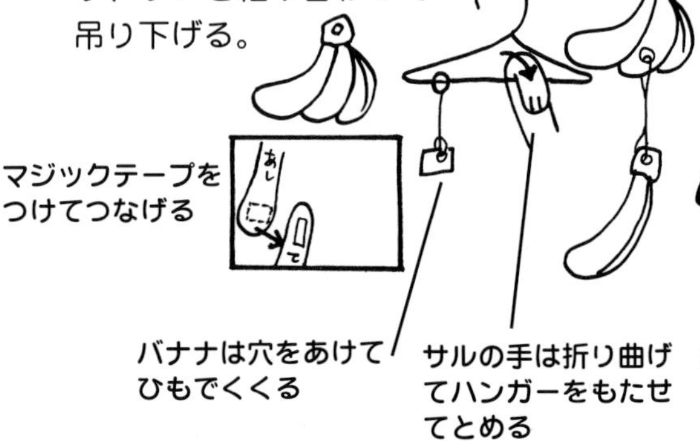

サルの手は折り曲げてハンガーをもたせてとめる

何匹もつなげる場合は、絵のように手と足にマジックテープをつけるとよい

子（ねずみ）

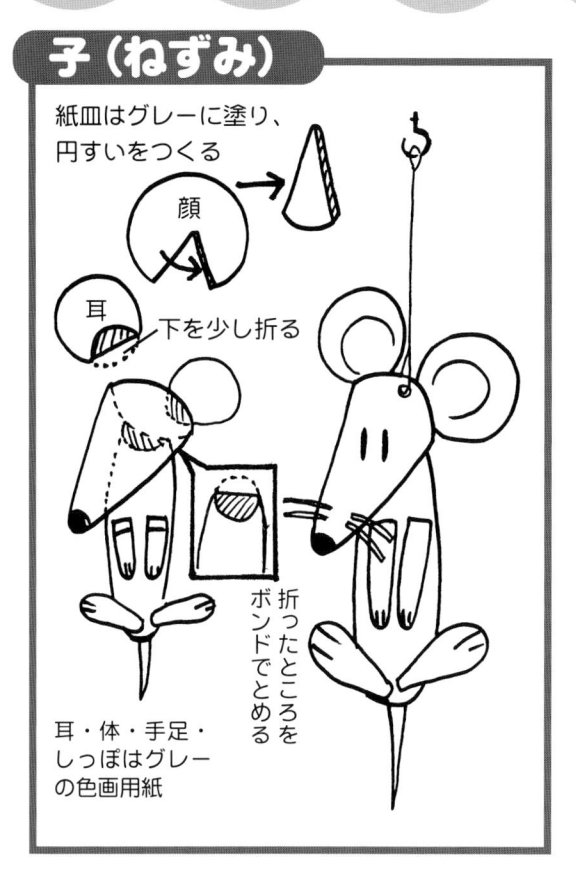

紙皿はグレーに塗り、円すいをつくる

顔
耳　下を少し折る

折ったところをボンドでとめる

耳・体・手足・しっぽはグレーの色画用紙

丑（うし）

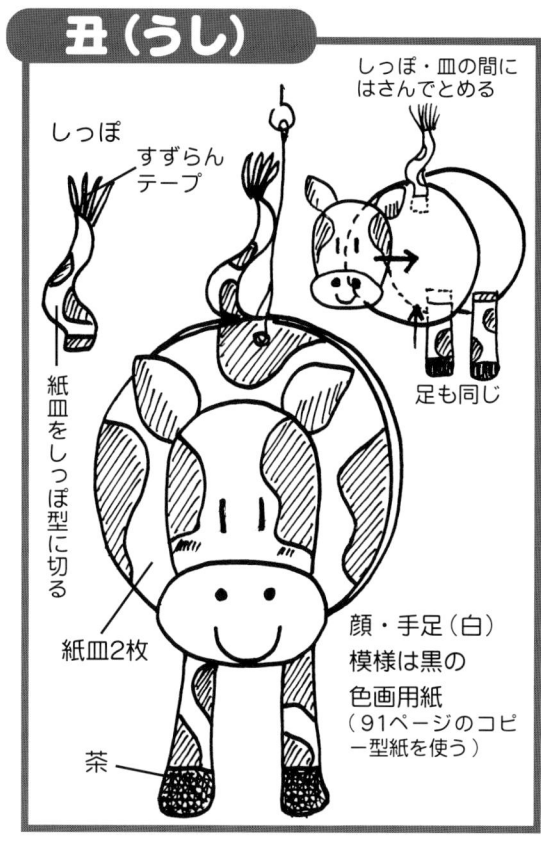

しっぽ・皿の間にはさんでとめる

しっぽ　すずらんテープ

紙皿をしっぽ型に切る

足も同じ

紙皿2枚

茶

顔・手足（白）
模様は黒の色画用紙
（91ページのコピー型紙を使う）

寅（とら）

● 紙皿と紙コップはポスターカラーで黄色に塗る
● 耳・手足・しっぽは、黄色の色画用紙でつくり、模様は、マーカーで描く
● ひげは黒い色画用紙を細く切って貼る

● 顔は紙コップの底につける

卯（うさぎ）

紙皿を半分に折って体をつくる

● 手足・しっぽは、画用紙

手足を紙皿にはさみこんでとめる

冬 1月 季節の行事飾り

辰（たつ）

緑色に塗った紙皿を半分に折り、モールでつなげる

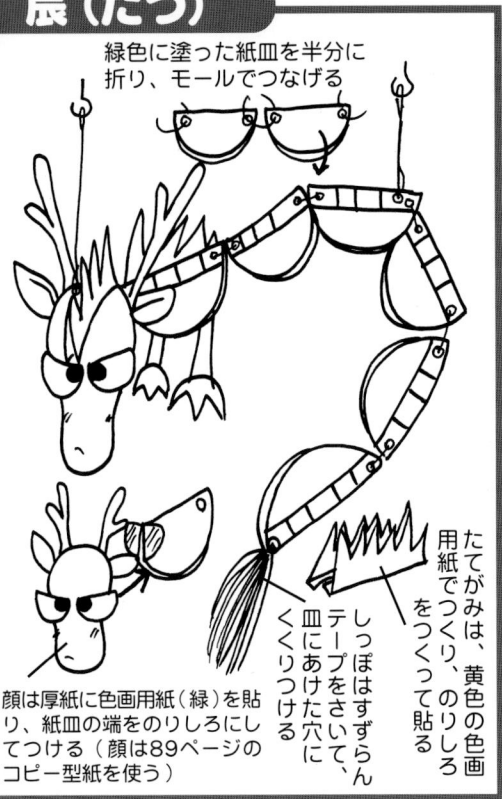

顔は厚紙に色画用紙（緑）を貼り、紙皿の端をのりしろにしてつける（顔は89ページのコピー型紙を使う）

たてがみは、黄色の色画用紙でつくり、のりしろをつくって貼る

しっぽはすずらんテープをさいて、皿にあけた穴にくくりつける

巳（へび）

紙皿を黄緑色のポスターカラーで塗り、絵のように渦巻き状に切る

舌は、赤い色画用紙

午（うま）

紙コップを3個、ポスターカラーでうす茶に塗る

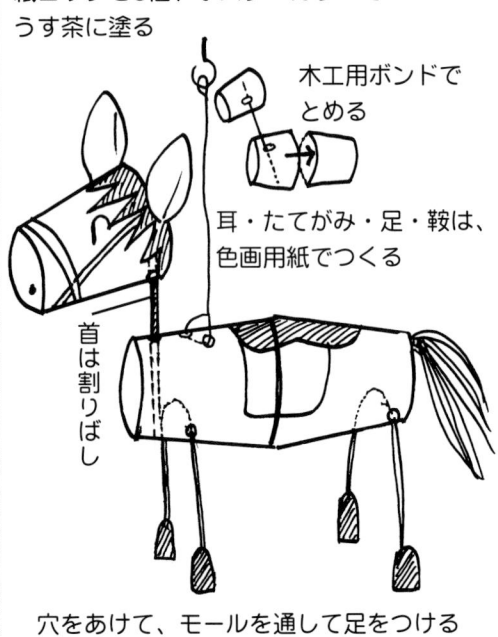

木工用ボンドでとめる

耳・たてがみ・足・鞍は、色画用紙でつくる

首は割りばし

穴をあけて、モールを通して足をつける

未（ひつじ）

紙皿2枚を絵のように切り、体全体に綿を貼りつける

足は、体の間にはさむ

顔・手足は、肌色の色画用紙でつくる

（顔は92ページのコピー型紙を使う）

酉（とり）

羽・尾羽・足・トサカなどは、色画用紙でつくる

くちばしは、絵のように色画用紙（黄）を折って立体的につくって貼る

体用紙皿

体は紙皿をポスターカラーで白に塗り、2つ折りにする

足はモールをはさんで2枚貼りつける

戌（いぬ）

●紙皿2枚をポスターカラーで両面うす茶色に塗る
●うす茶色の色画用紙で、顔・耳・しっぽ・足をつくり、白いぶち模様を貼る

足・しっぽを体の間にはさむ

（90ページのコピー型紙を使う）

亥（いのしし）

●紙皿、紙コップは、ポスターカラーで濃い茶色に塗る
●紙コップを絵のように切り、いのししらしく切った顔用の紙皿の中央に貼る

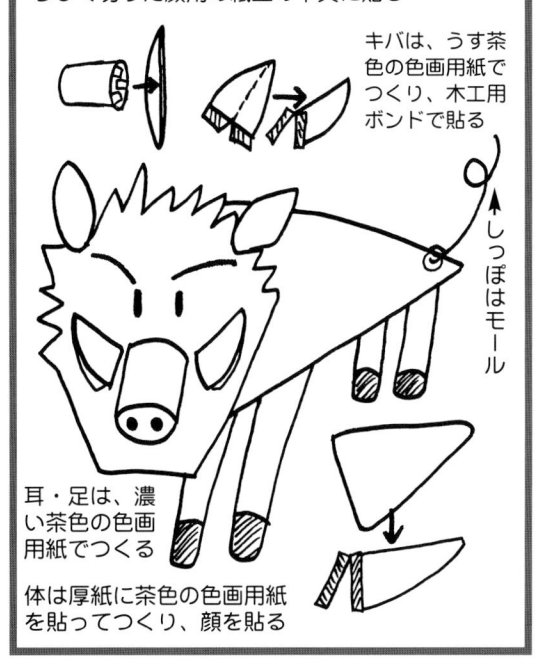

キバは、うす茶色の色画用紙でつくり、木工用ボンドで貼る

しっぽはモール

耳・足は、濃い茶色の色画用紙でつくる

体は厚紙に茶色の色画用紙を貼ってつくり、顔を貼る

69

冬 2月

鬼は～外！

「鬼は～外！ 福は～内！」
あれれっ!? 天井に向かって
豆をまいているのはだれかな？

準備するもの
ティッシュの空き箱
色画用紙　毛糸

季節の行事飾り

1 鬼の体をつくる

1 ティッシュの取り出し口を裏にし、足をつけてから箱全体を色画用紙（赤）を巻きつけるように貼る。

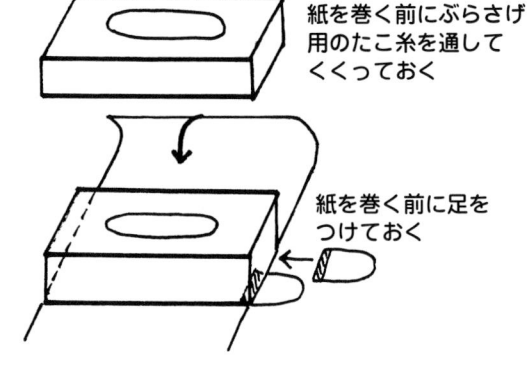

紙を巻く前にぶらさげ用のたこ糸を通してくくっておく

紙を巻く前に足をつけておく

2 色画用紙（赤）でつくった手を側面につけ、箱の横幅に合わせ、色画用紙（黄）でトラ柄パンツを貼る。

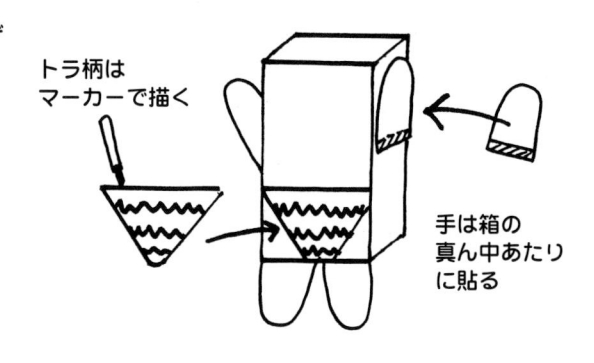

トラ柄はマーカーで描く

手は箱の真ん中あたりに貼る

3 目をバランスよくつける。

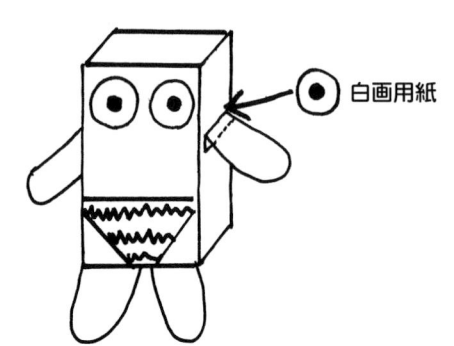

白画用紙

4 口の部分をカッターで切る。切り取った口に白い歯をつける。

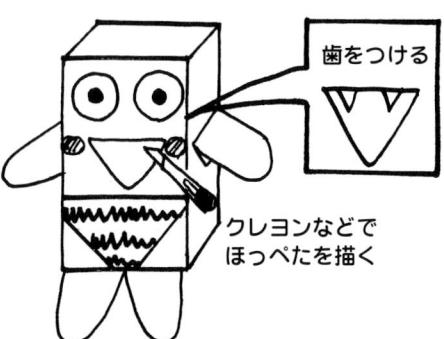

歯をつける

クレヨンなどでほっぺたを描く

おいしいよ…
ミャア…
ワンワン…

70

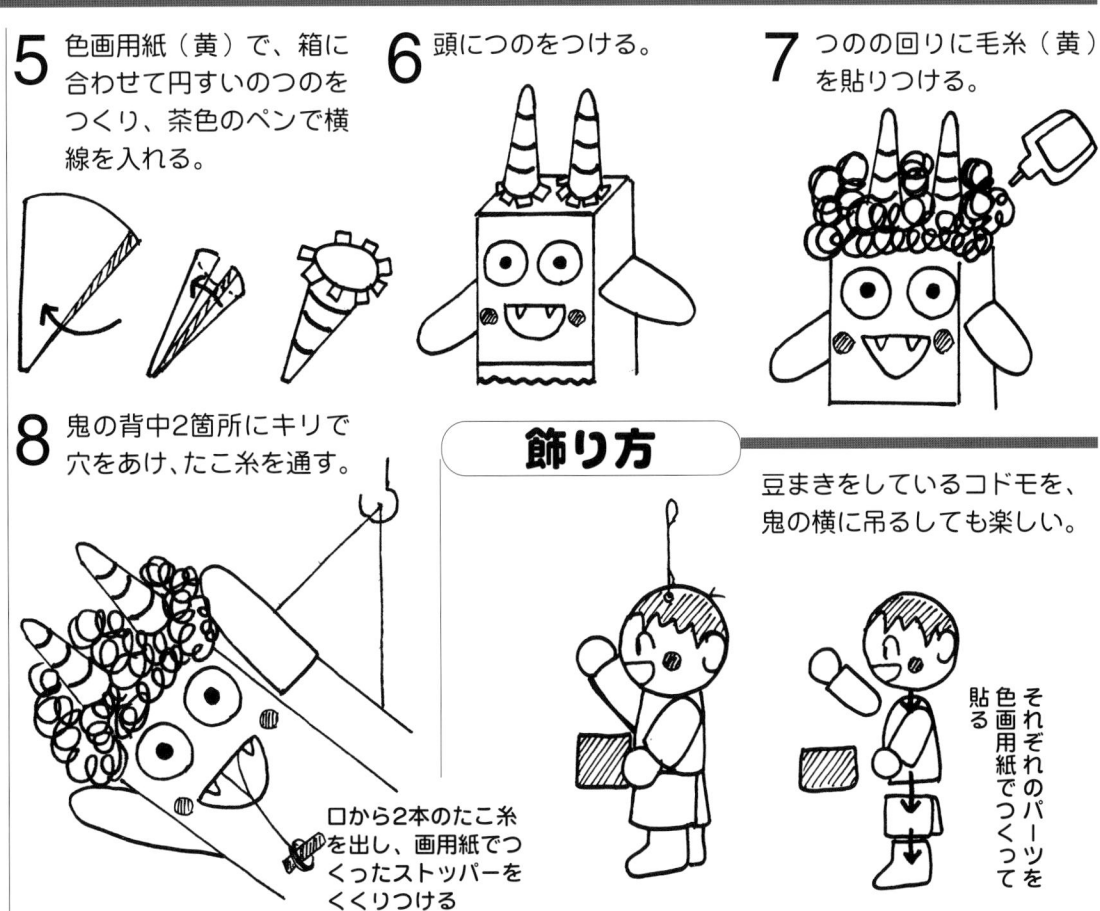

5 色画用紙（黄）で、箱に合わせて円すいのつのをつくり、茶色のペンで横線を入れる。

6 頭につのをつける。

7 つのの回りに毛糸（黄）を貼りつける。

8 鬼の背中2箇所にキリで穴をあけ、たこ糸を通す。

口から2本のたこ糸を出し、画用紙でつくったストッパーをくくりつける

飾り方

豆まきをしているコドモを、鬼の横に吊るしても楽しい。

それぞれのパーツを色画用紙でつくって貼る

冬 2月

楽しいそり遊び

針金ハンガーに渡したすずらんテープがゲレンデの雰囲気をかもしだしています。そり遊びも楽しそうですね。

準備するもの
ティッシュの空き箱　色画用紙
厚紙　ラップ芯　毛糸　麻ひも
すずらんテープ　針金ハンガー
トイレットペーパー芯

季節の行事飾り

1 そりをつくる

1 ティッシュの空き箱の取り出し口の面は全部切って、まわりに色画用紙（茶）を貼る。

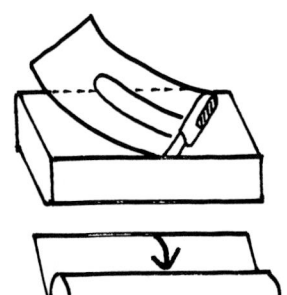

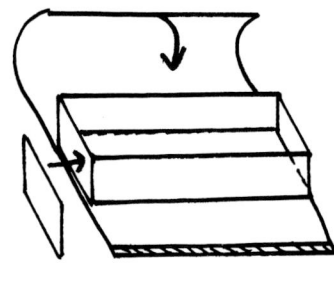

ラップ芯のまわりにも色画用紙（茶）を木工用ボンドで貼る

2 箱の両側面に、ラップ芯を両面テープでしっかり貼る。

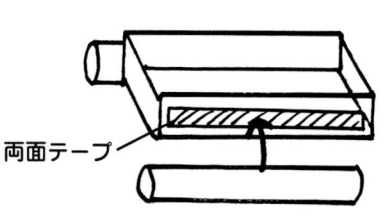

両面テープ

2 ウサギをつくる

1 82ページのコピー型紙を使い、厚紙で顔の形をつくり、色画用紙（白）を貼る。

耳をつける（色画用紙）

目、鼻を描き、ひげをつける

2 トイレットペーパー芯に色画用紙（白）を貼って体にし、色画用紙（白）でつくった手、しっぽをつける。

巻く
毛糸
赤
白
白

赤い紙を巻き、マフラーにする。
先っぽは毛糸（赤）をつける

3 顔と体を貼り合わせる。

木工用ボンドでつける

そりを吊るす

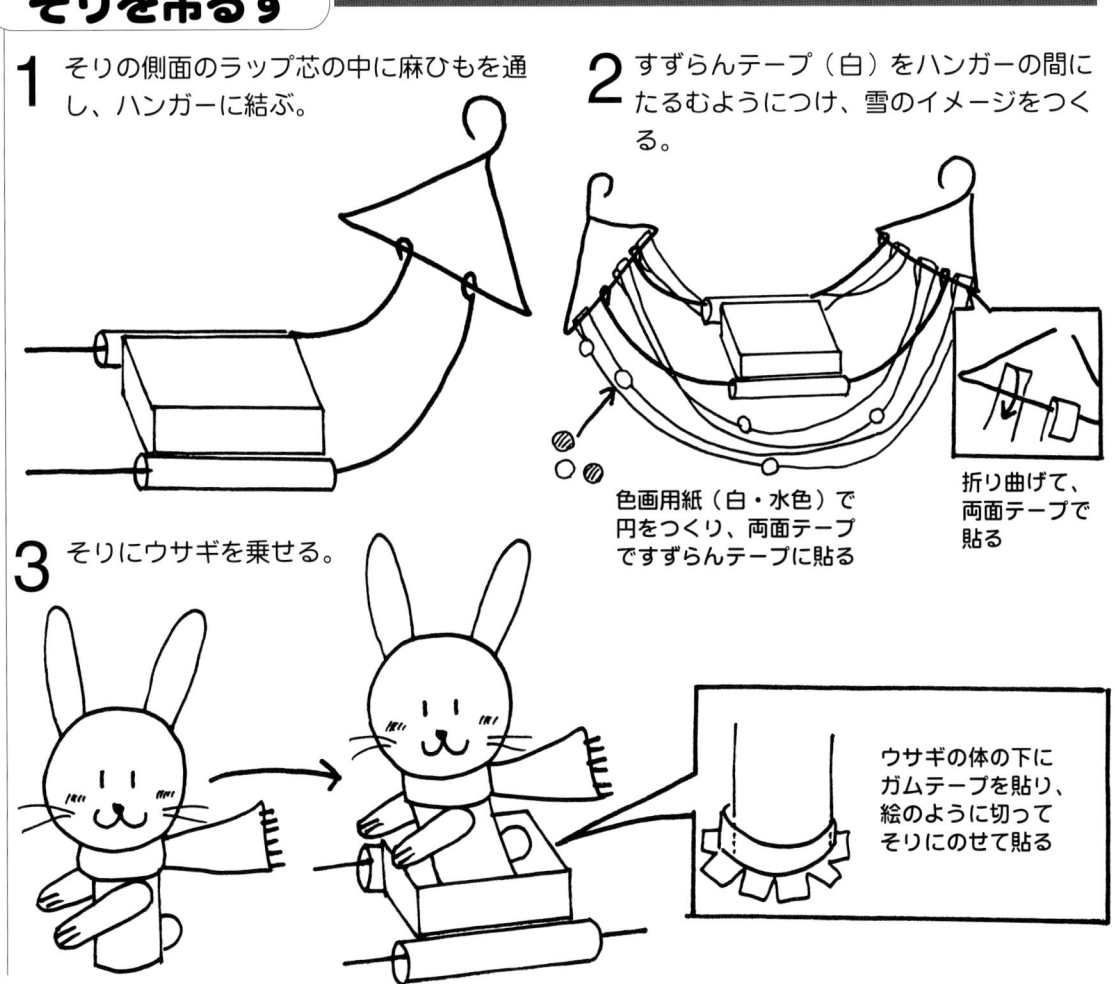

1 そりの側面のラップ芯の中に麻ひもを通し、ハンガーに結ぶ。

2 すずらんテープ（白）をハンガーの間にたるむようにつけ、雪のイメージをつくる。

色画用紙（白・水色）で円をつくり、両面テープですずらんテープに貼る

折り曲げて、両面テープで貼る

3 そりにウサギを乗せる。

ウサギの体の下にガムテープを貼り、絵のように切ってそりにのせて貼る

なかよしびな

春 3月

2人並んでユラユラ揺れるおひなさま。
段飾りとはひと味違って
おもしろいのでは？

準備するもの

色画用紙　クレープ紙　厚紙
ホイル折り紙（ミラーシート）
丸棒　モール

季節の行事飾り

1 おひなさまをつくる

1 81ページのコピー型紙を使って、色画用紙でおひなさまの顔をつくり、目、口を描く。

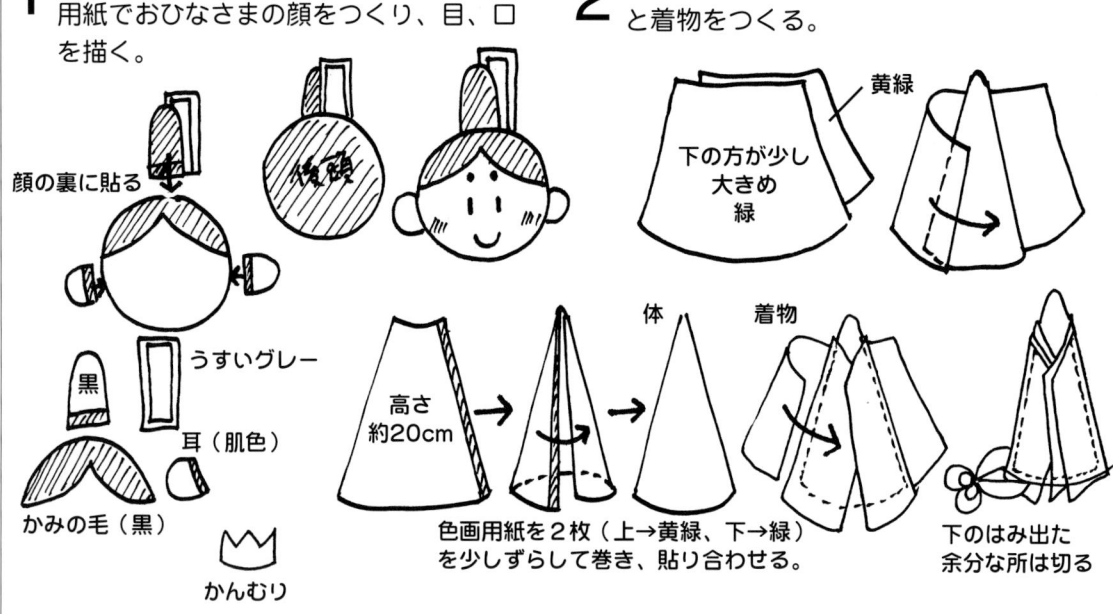

顔の裏に貼る
うすいグレー
黒
耳（肌色）
かみの毛（黒）
かんむり

2 色画用紙で円すいの体（高さ約20cm）と着物をつくる。

黄緑
下の方が少し大きめ
緑
高さ約20cm
体
着物
色画用紙を2枚（上→黄緑、下→緑）を少しずらして巻き、貼り合わせる。
下のはみ出た余分な所は切る

3 色画用紙（黄緑）を半分に折って台形型に切り、袖をつくる。

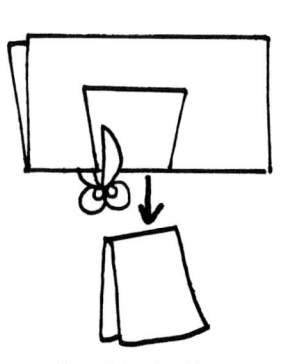

体に合わせて袖の大きさを決める

4 体に袖をつけ、色画用紙でつくった手を貼る。

5 顔と体をつける。

小道具を持たせる

2 桃の花、たちばな葉をつくる

1 クレープ紙（ピンク）でつくった花びら5枚の中にモール（ピンク）のめしべおしべを入れて根元をしぼり、モール（緑）で巻く。

モールを中心に花びらを5枚配置する

2 丸く切った厚紙に、色画用紙（黄）を貼り、葉をつける。

飾る

1 おひなさま、桃、たちばなの順番でたこ糸に吊り下げる。

2 厚紙にホイル折り紙かミラーシートを貼って、幅約50cmのびょうぶをつくる。

ミラーシートを貼る

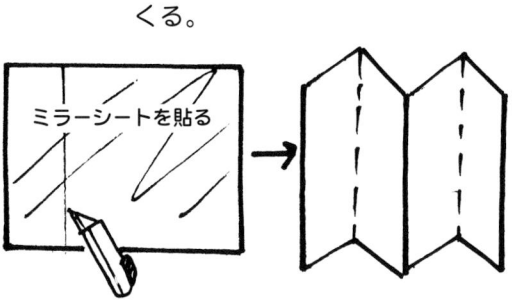

カッターで浅く線を入れておくと折りやすい

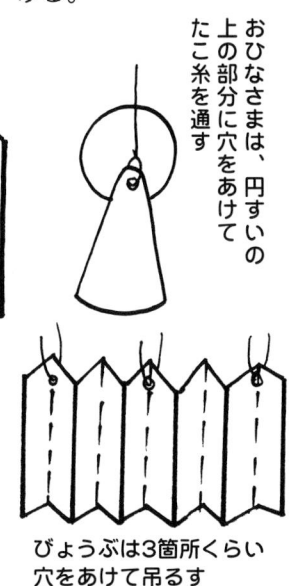

3 それぞれを丸棒に吊り下げる。

おひなさまは、円すいの上の部分に穴をあけてたこ糸を通す

びょうぶは3箇所くらい穴をあけて吊るす

春 3月

もうすぐ春ですヨ！

セロファンから見える冬眠中の動物たち。
子どもたちの元気な声で
目を覚ますことでしょう。

準備するもの

段ボール　色画用紙　セロファン
毛糸　カラーテープ　竹ひご
トイレットペーパー芯
押しピン

季節の行事飾り

1 地面をつくる

1 段ボールで（直径約45cm）の円を2枚つくる。

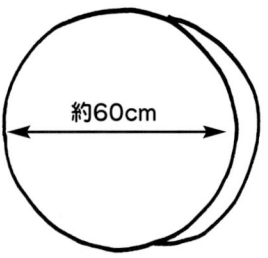

約60cm

2 色画用紙（茶）を全面に貼り、2枚とも動物の入る穴を切り抜く。

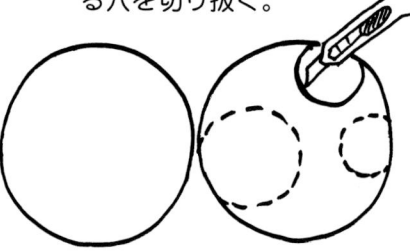

3 内側から、透明のセロファンを木工用ボンドで貼る。

ダンボールの裏

4 色画用紙（黄緑）で草をつくり、内側から貼る。

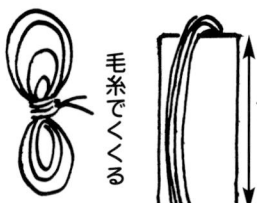

2 タンポポ・ツクシをつくる

❶ 毛糸（黄）を7回くらい巻き、真ん中をくくる。

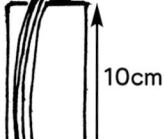

毛糸でくくる

10cm

10cm幅の厚紙を用意すると便利

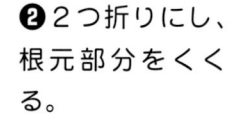

❷ 2つ折りにし、根元部分をくくる。

毛糸

❸ 輪の部分を切って広げる。

❹ 竹ひごにさし、根元をカラーテープ（緑）で巻く。

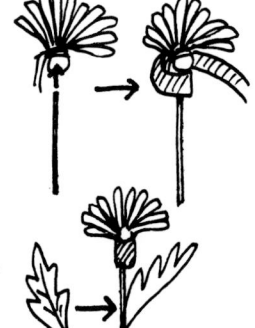

葉をつける

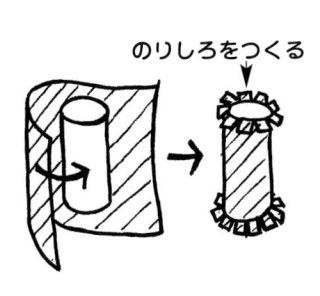

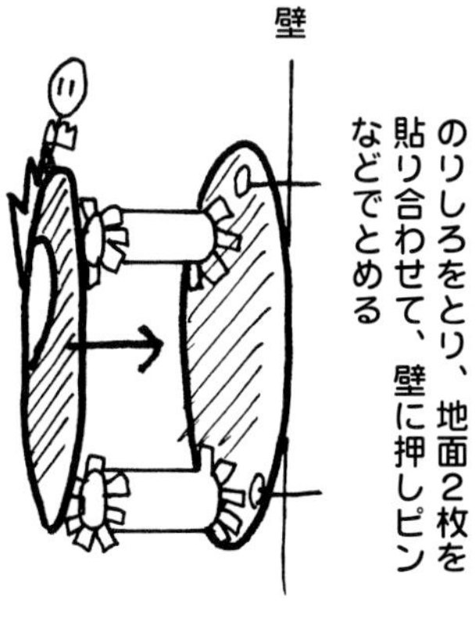

4 飾る

1 タンポポ、ツクシを段ボールの切り口にさしていく。

3 動物をつくる

1 93、94ページのコピー型紙を使い、色画用紙でクマ、モグラ、ヘビをつくる。

穴に合わせた大きさでつくる

2 穴の内側から、両面テープで動物を貼る。

3 トイレットペーパー芯に色画用紙（茶）を貼り、地面を取りつける。

のりしろをつくる

壁

のりしろをとり、地面2枚を貼り合わせて、壁に押しピンなどでとめる

2 ❶色画用紙（うす茶）で顔をつくる（2枚）。

❷色画用紙（茶）でフシをつくる（4枚）。

❸竹ひごをはさむように、顔とフシを木工用ボンドでつける。

花をつくる

代表的な春の花です。
たくさんつくって空間に
お花畑をつくってください。

準備するもの
エンボス紙　カラーひも　麻ひも　糸
ネジ式フック　せんたくバサミ　モール
針金　小枝または丸棒　穴あけパンチ

花飾り

サクラ

1. 86ページのコピー型紙を使い、エンボス紙（ピンク、薄ピンク）に型を写し、まとめ切りして花と葉をつくる。

ホチキスでとめて固定する

2. エンボス紙（黄）でおしべ・めしべをつくり、花の中央に裏表とも貼る。

エンボス紙（ピンク、うすピンク）をびょうぶ折りにした上にコピー型紙を置き、ホチキスでとめてまとめ切りにすると、つながった桜もできる

3. 何枚かの桜には、エンボス紙（緑）でつくった葉をのりづけしておく。

葉はこの時点でまとめ切りしてつくっておく

4. 桜の上下に、パンチで穴をあけ、糸（ピンク）でつなげていく。

5. 一番上の桜の糸は、輪にしておく。

一番下の桜の下にだけ、葉をぶら下げる

6. カラーひも（緑）に、エンボス紙（緑）でつくった葉を木工用ボンドで貼りつける（長めにつくる）。

7. 飾る場所に合わせた長さの麻ひもを用意し、6の葉をからませる。

桜は、木製のせんたくバサミでとめていく

飾り方バリエーション

モビール

❶ 枝（丸棒でも可）を十字に組み、木工用ボンドで固定する。
❷ 重なった部分にネジ式フックを差しこむ。
❸ 枝の先端にキリで穴をあけ、針金をさし、木工用ボンドで固定する。
❹ 針金の先端は絵のように渦巻き状にして、5のサクラの枝をつける。
♥ 針金を自由な形に曲げ、サクラをつけても楽しいモビールができる。

チューリップ

準備するもの
色画用紙　テグス
モール

1. 色画用紙（赤）で、花びらを3枚切り（幅約5cm）、切りこみを入れ、のりづけして丸みをもたせる。

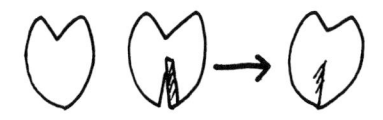

2. 斜線部分を木工用ボンドでつけていき、1周させる。

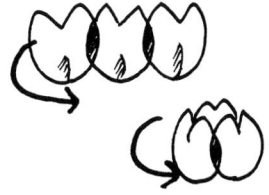

3. つながった花びらの下の部分を折り、のりしろにして小さい台紙（円）にボンドで貼る。

台紙は花びらと同じ色画用紙でつくる

4. 花びらの中心に穴をあけ、モール（黄緑）を通す。

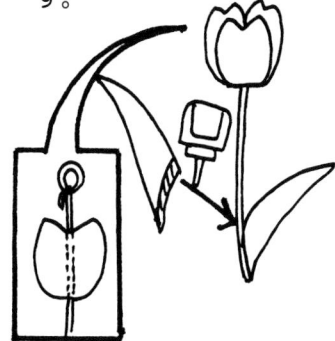

モールの先は輪にしてストッパーにする。
葉を木工用ボンドでつける。

飾り方

花びらにキリで穴をあけ、テグスを通して吊るす

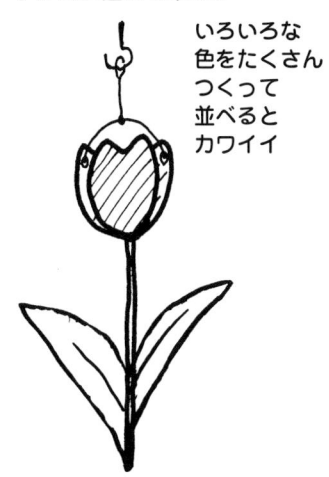

いろいろな色をたくさんつくって並べるとカワイイ

作品づくりに役立つ
らくらくコピー用型紙

コピーして型紙として使えば、作品の仕上がりがぐーんとアップ。
つくる作品の大きさにあわせて、拡大して使ってください。

コピー用型紙の使い方

手差しコピーができる場合は、使いたい色画用紙に
直接コピーすると、手間が省けます。

1 型紙部分をコピー機にのせ、つくりたい寸法に拡大する。

2 型紙を使いたい紙などの素材の上にのせ、鉛筆で輪郭をなぞる。

3 なぞった部分をていねいに切りとる。

4 型を各パーツと組み合わせて、作品をつくる。

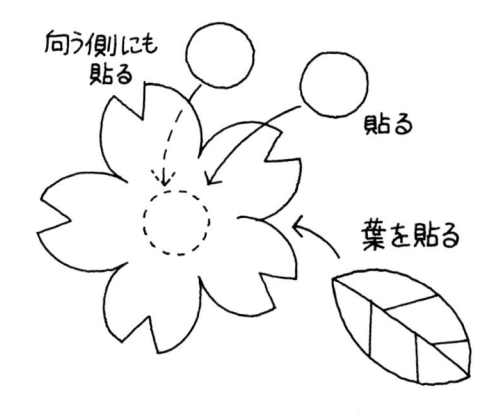

顔・体の基本形でコドモと動物がつくれます。

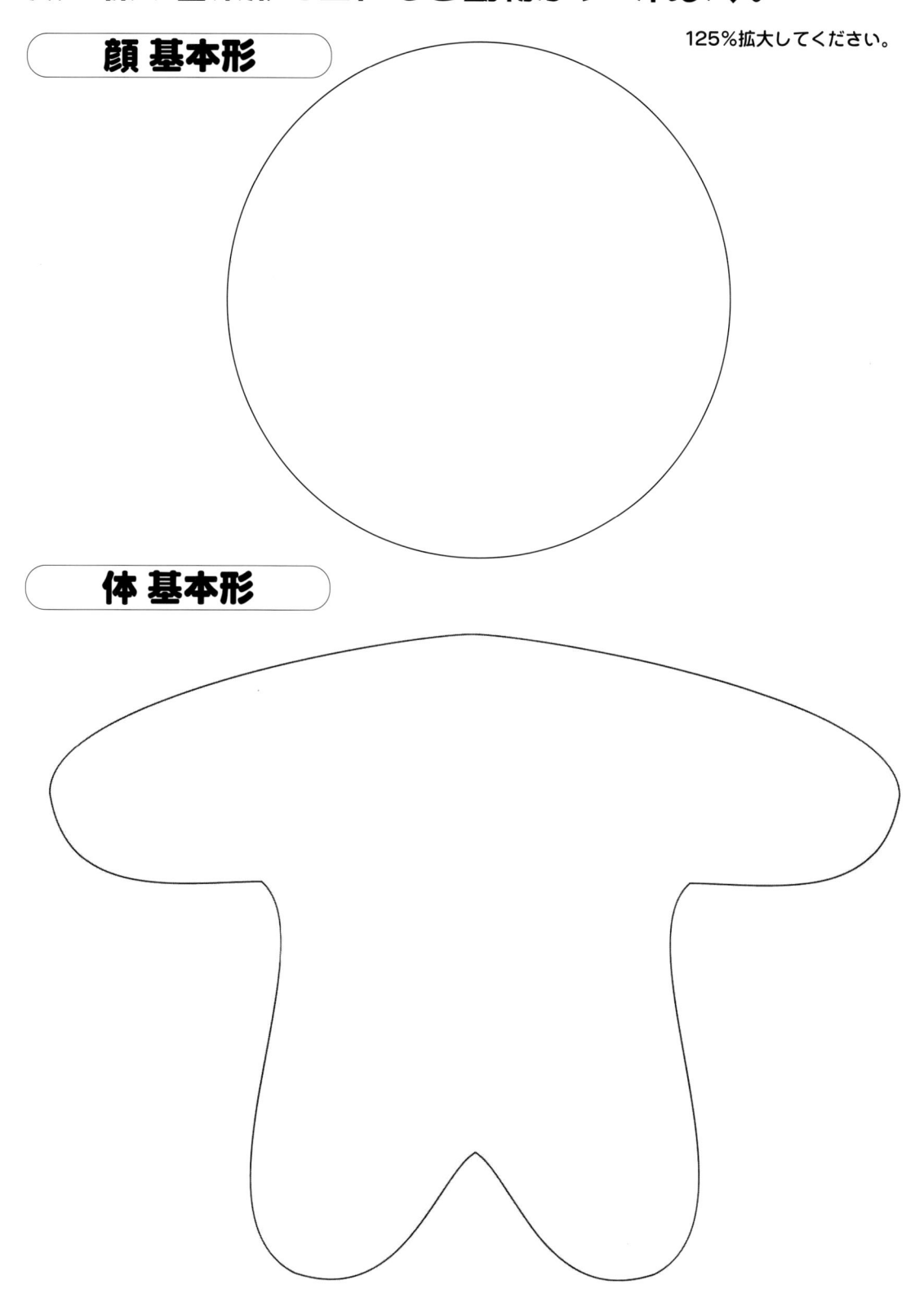

顔 基本形

125％拡大してください。

体 基本形

髪形や耳で変化をつける

このまま拡大し、各パーツに色を塗ったり、色画用紙を貼るとさらに簡単につくれます。

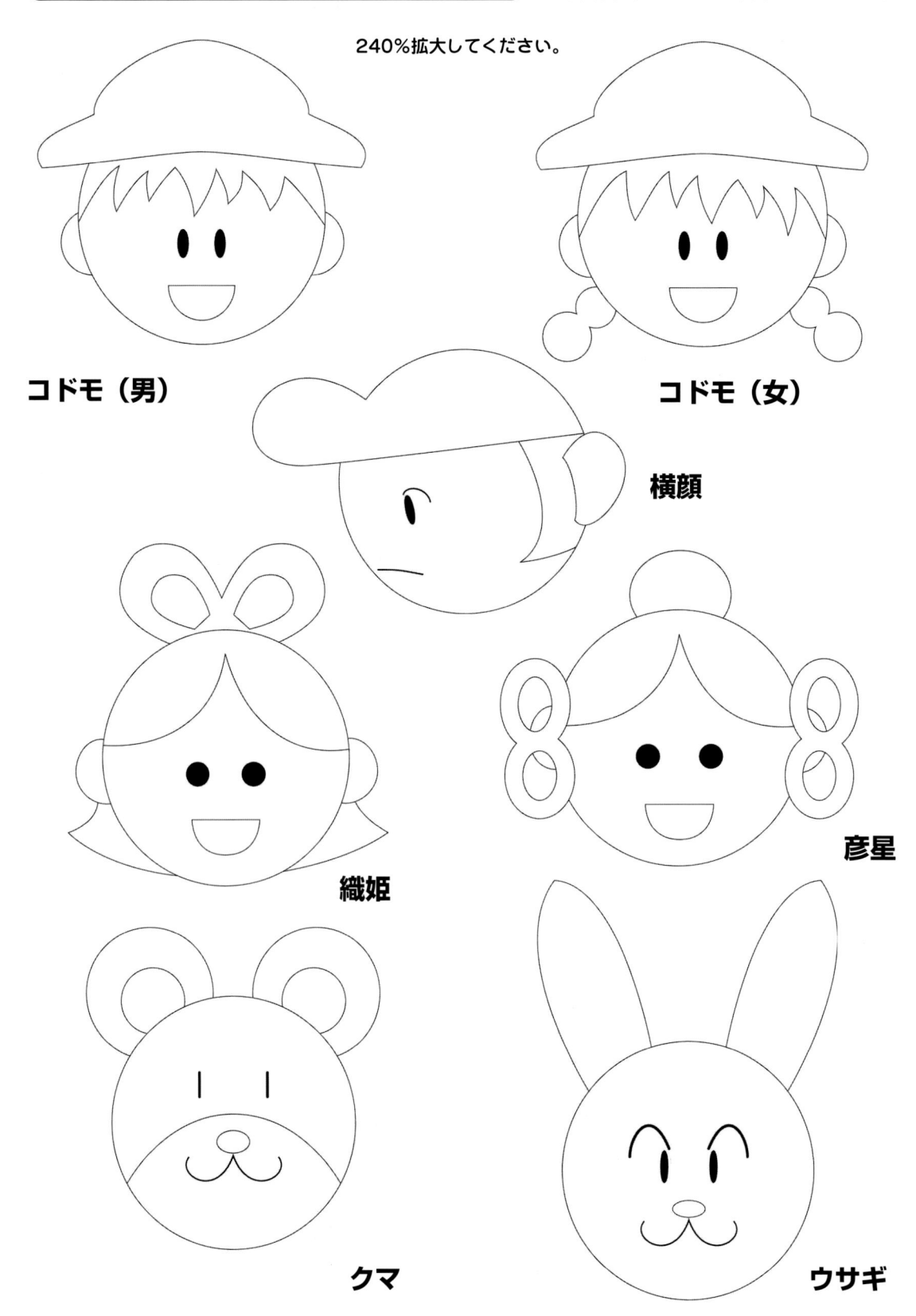

240％拡大してください。

コドモ（男）

コドモ（女）

横顔

織姫

彦星

クマ

ウサギ

240％拡大してください。

体 横向き

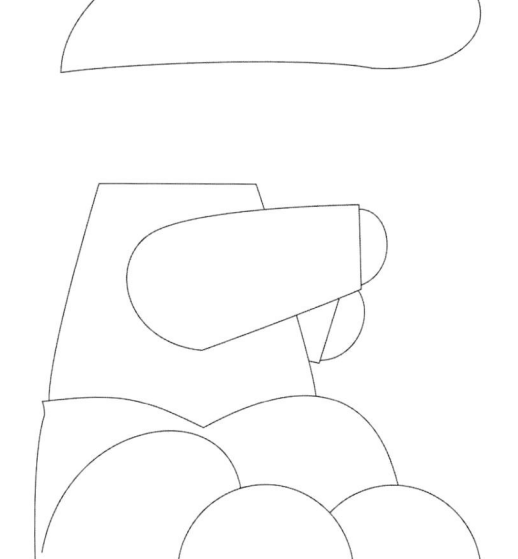

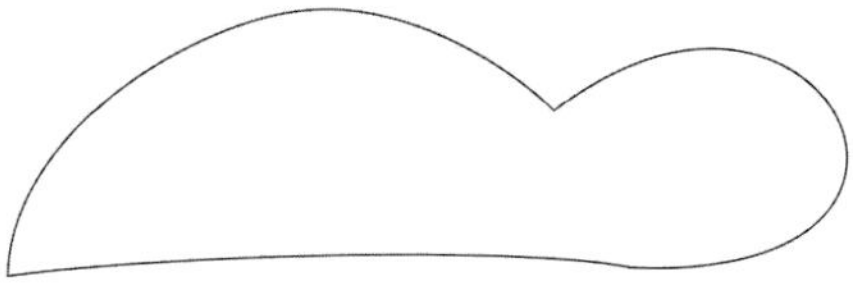

体 すわり形

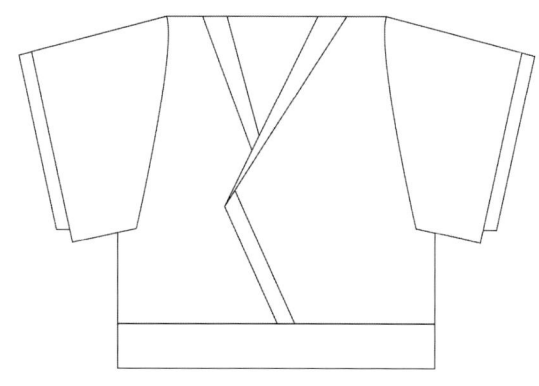

織姫・彦星 服

コドモ・動物 服

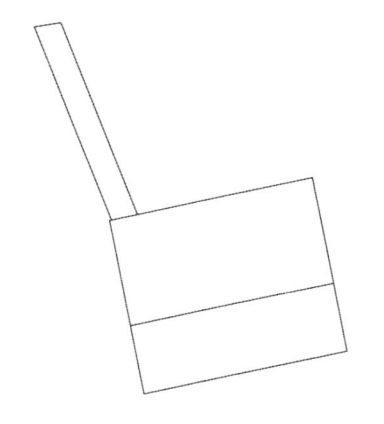

通園カバン

カエル 140%拡大してください。

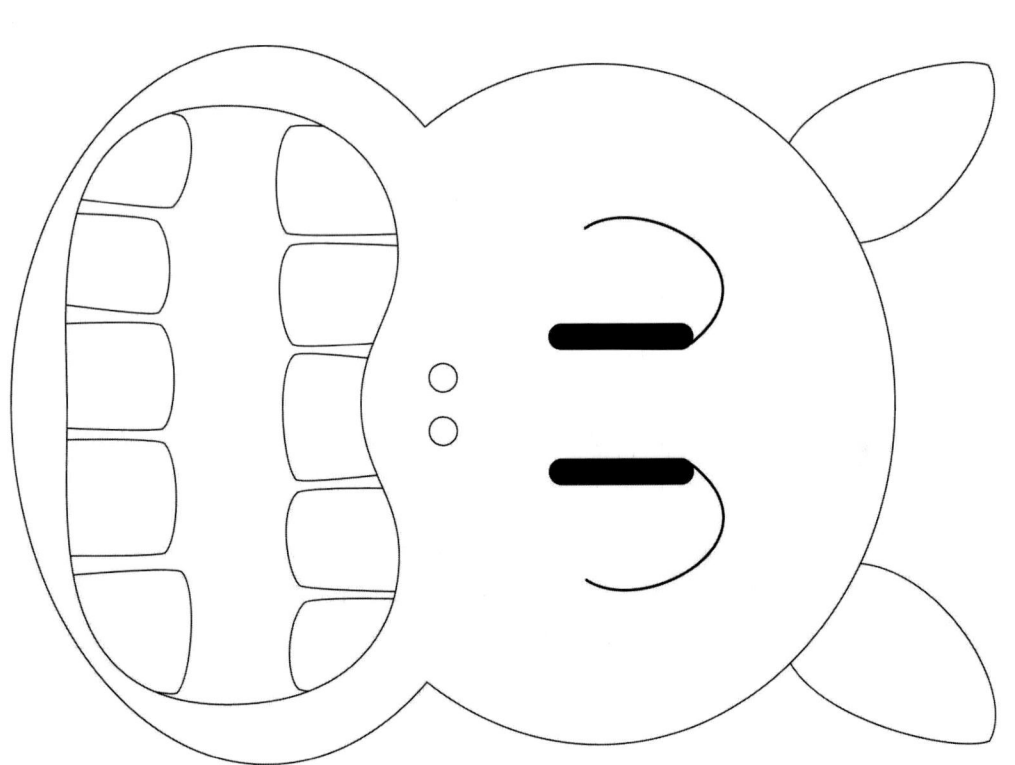

カバ 350%拡大してください。

120％拡大してください。

貝

星

貝

100％でコピーしてください。

葉

葉

サクラ

葉

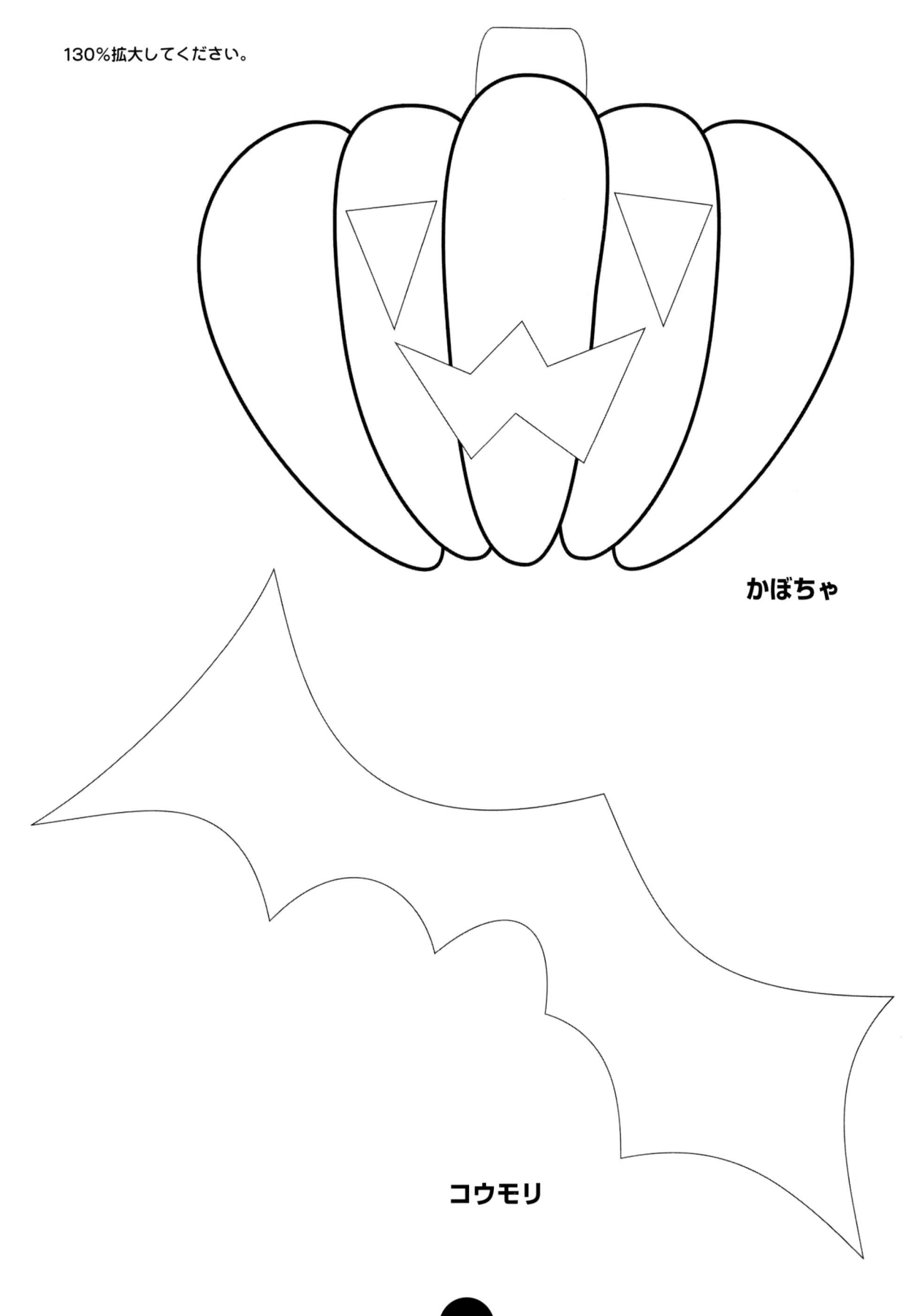

130％拡大してください。

かぼちゃ

コウモリ

トナカイ 165%拡大してください。

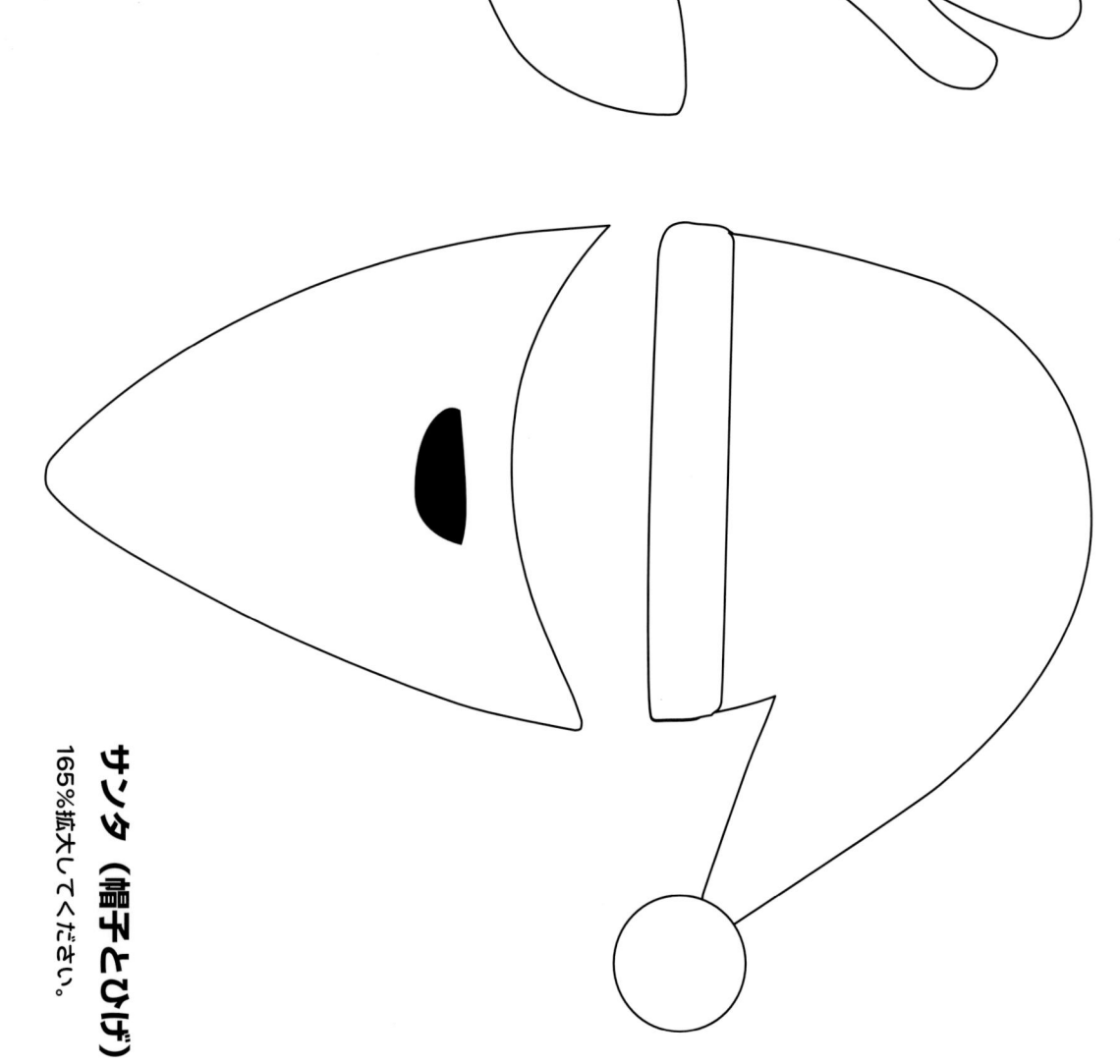

サンタ（帽子とひげ） 165%拡大してください。

干支（辰）120%拡大してください。

干支（戌） 120%拡大してください。

干支（丑） 120%拡大してください。

干支（未） 100%でコピーしてください。

凧・干支（申） 170%拡大してください。

ヘビ　120％拡大してください。

モグラ　120％拡大してください。

クマ　120％拡大してください。

ライオン 250％拡大してください。

キリン 160％拡大してください。

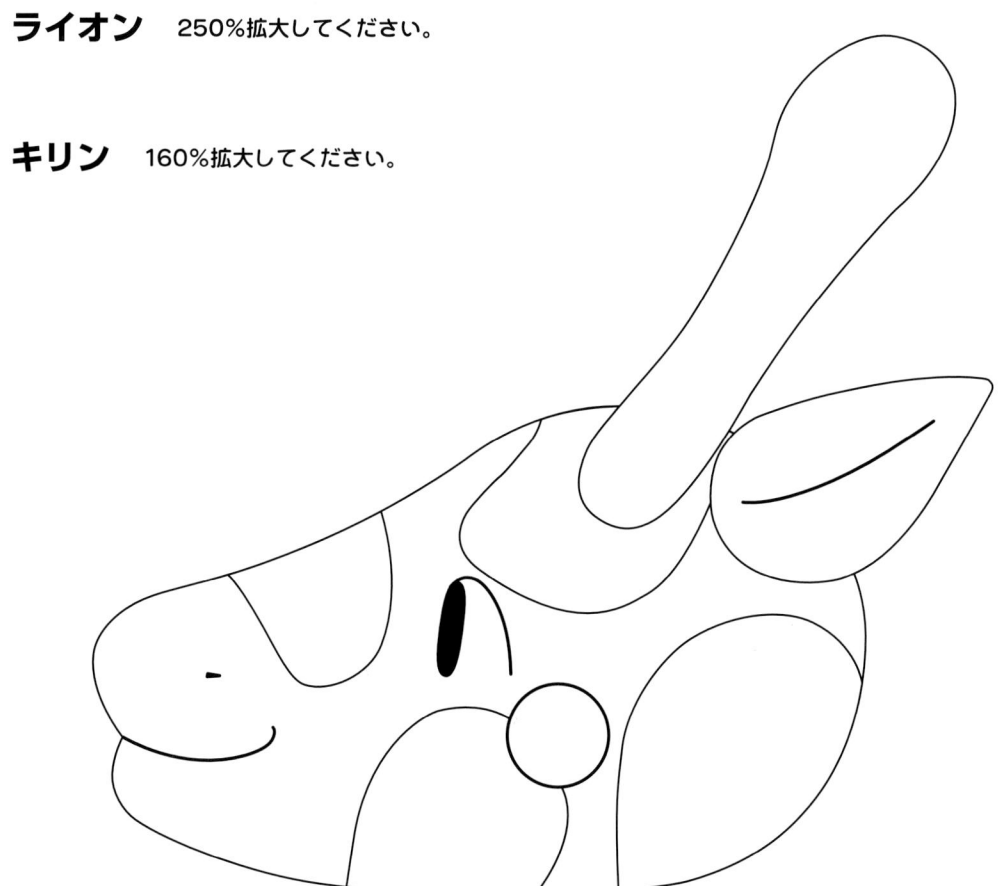

●プロフィール●
堀田直子
(ほりたなおこ)

1974年、山口生まれあちこち育ち。
現在は福岡在住。
短大の幼児教育科卒業後、免許取得しつつも
本好きが高じて、現在の書店に入社。

●作図●堀田直子
●イラスト●佐藤道子
●写真撮影●額賀じゅんじ
●編集協力●内田直子
●ブックデザイン●渡辺美知子デザイン室

らくらく天井飾り　スペシャルBOOK

2003年8月8日　第1刷発行
2004年3月12日　第2刷発行

編著者●堀田直子©

発行人●新沼光太郎

発行所●株式会社いかだ社

〒102-0072 東京都千代田区飯田橋2-4-10 加島ビル
Tel. 03-3234-5365　Fax. 03-3234-5308
振替・00130-2-572993
印刷・製本　株式会社ミツワ

乱丁・落丁の場合はお取り換えいたします。
ISBN4-87051-137-1